文化大革命

The Cultural Revolution: A Very Short Introduction

The Cultural Revolution: A Very Short Introduction

文化大革命

克勞斯（Richard Curt Kraus）著

李家真 譯

OXFORD
UNIVERSITY PRESS

Oxford University Press is a department of the University of Oxford.
It furthers the University's objective of excellence in research, scholarship,
and education by publishing worldwide. Oxford is a registered trade mark of
Oxford University Press in the UK and in certain other countries

Published in Hong Kong by
Oxford University Press (China) Limited
39/F, One Kowloon, 1 Wang Yuen Street, Kowloon Bay, Hong Kong

© Oxford University Press (China) Limited

The moral rights of the author have been asserted

First edition published in 2018

文化大革命

克勞斯 (Richard Curt Kraus) 著

李家真 譯

ISBN: 978-0-19-083214-8

3 5 7 9 10 8 6 4 2

English text originally published as *The Cultural Revolution: A Very Short Introduction*
by Oxford University Press © Oxford University Press 2012

獻給

安東尼・克勞斯

一頭文雅的野獸

For Anthony Kraus, a civilized beast

目　錄

前　言

　　一九六六至一九七六年間，中國的無產階級文化大革命動搖了中國和世界的政治格局。這場運動主宰了當時中國人生活的方方面面：家庭四分五裂，前途地覆天翻，教育被迫中斷，萬眾矚目的政治試驗連番上演，舞臺佈景一片混亂，新篇紛紛譜寫，老賬屢屢清算。

　　不但如此，這場運動至今仍是各種爭議的導火線，因為它主張激進，規模浩大，影響到了將近十億人的生活。對於這樣一個時常曖昧不清、至今令人創痛的複雜時期，人們很難做出一個言之成理的解讀。幸運的是，中國國內外如今有了一整套由學術研究、回憶錄和大眾文化產品構成的重要文獻，可資我們借鑒參考。

　　文化大革命雖然暴力充斥，卻也是靈感和社會實驗的一個源泉。文革為何使得民眾如此亢奮，又為何使得如此眾多的人歸於幻滅？研究文革的挑戰，在於認真審慎地分析這場運動，而不是一味強調它的荒唐與殘酷，簡單地予以鞭笞。

　　關於文革，我們自以為掌握的許多知識，如今都已被事實推翻。舉例來說，文革看似肇端於一九六六

年，但它的大部分特徵，早在將近兩年以前就已經浮出水面。紅衛兵的來源遠比西方人的想像廣泛，青年運動的盛期卻不到兩年，遠比西方人的想像短暫。文革時期的文藝政策固然具有破壞性，卻也是中國文化現代化長遠規劃的一個組成部分。文革使中國經濟搖搖欲墜，但絕對沒有使之土崩瓦解，因為它的增長速度尚算體面。儘管當時的中國陷於孤立，文革卻奠定了相應的基礎，使中國有機會搖身一變，成為新自由主義世界經濟的一個製造業平臺。在今天的中國，文革遠沒有淡出人們的記憶，政府也沒有徹底禁止相關的討論。

文革的故事，確然錯綜複雜。我將盡量少用中國政治文獻中層出不窮的專門術語，但讀者須當對「幹部」這個怪詞格外小心，它是對中華人民共和國黨政官僚的稱謂，指代的是官員個體，不像在西方那樣指代一個群體。我已努力減少書中的生僻中國地名，儘管此舉會使書中的文革進程偏離實際，顯得更集中於北京；實際上，文革是一場全國性的劇烈運動，在許多地方衍生了獨特的變體。除此而外，政治運動的名稱在中國公共生活中扮演的角色，大於它在西方公共生活中的戲份。對於中國人來說，這些名稱不但不會使人如墮雲霧，反倒可以提供一個好懂易記的標籤，一個對文革中各種潮流進行政治及情感評估的語境。

第一章
導言：中國的未竟革命

　　中國的無產階級文化大革命於一九六六年五月蓬勃興起，持續到一九七六年毛澤東去世才告結束。鑑於農民佔了當時中國人口的五分之四，這場運動的「無產階級」之名，更多是一種願望，並不是現實情形。文革最為持久的攻擊目標是文藝和大眾觀念，就這個方面而言，它確實是「文化革命」。文革本身還不能算是「大」革命，因為它雖然甚囂塵上，但卻僅僅是動搖了政權，並沒有將其推翻。跟大多數革命一樣，它沒有見好就收。十分誘人的一個設想是，沸反盈天的文革十年，其實是中國革命在長達百年的歷程中發出的最後一擊，甚或是最終一擊，這場運動結束之後，中國才踏實下來，開始打理建設現代國家的正經事情。

　　目前執政的中國領導人，往往是自己也當過紅衛兵，如今便沒興趣探討毛時代中國和當前中國之間的承接關係。他們竭力避談自己的年輕時代，保持着一種心照不宣的默契，大家都不去揭那個年代的老底，免得彼此下不來臺。西方媒體則抵擋不住誘惑，刻意

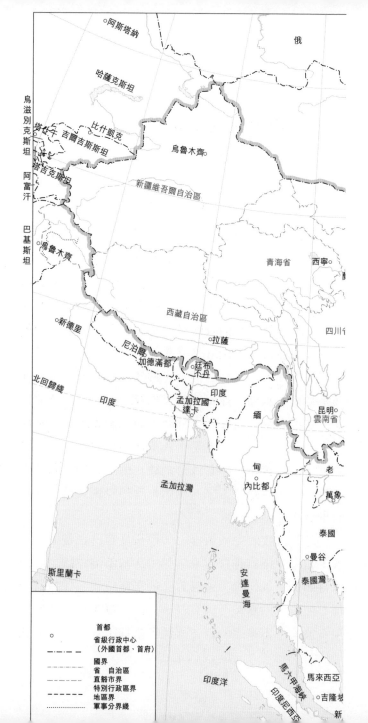

阿斯塔納

俄

哈薩克斯坦

烏滋別克斯坦

比什凱克

吉爾吉斯坦

烏魯木齊

塔吉克斯坦

新疆維吾爾自治區

阿富汗

巴基斯坦

烏魯木齊

青海省　西寧

西藏自治區

四川

新德里

拉薩

尼泊爾

加德滿都

廷布

不丹

印度

雲南省

昆明

孟加拉國

達卡

緬

北回歸線

印度

甸

內比都

老

萬象

孟加拉灣

泰國

曼谷

斯里蘭卡

安達曼海

泰國灣

馬六甲海峽

馬來西亞

吉隆坡

印度洋

印度尼西亞

新

首都

○　省級行政中心

（外國首都、首府）

—・—・—　國界

省　自治區

————　直轄市界

————　特別行政區界

————　地區界

………　軍事分界線

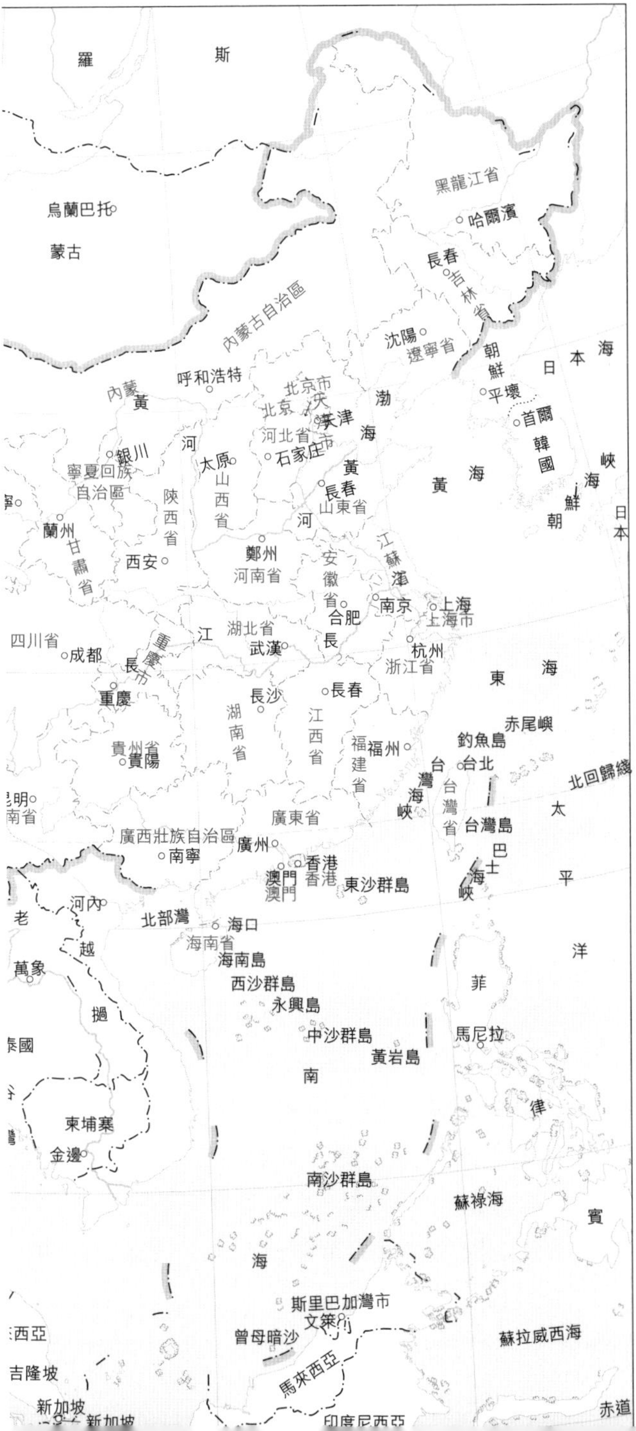

羅
斯
烏蘭巴托
蒙古
黑龍江省
哈爾濱
長春
吉林省
內蒙古自治區
沈陽
遼寧省
朝
鮮
平壤
日
本
海
首爾
韓
國
呼和浩特
內蒙
黃
北京市
北京
天津
河北省
渤
海
銀川
河
太原
石家庄
寧夏回族
自治區
陝
西
省
山
西
省
黃
長春
山東省
黃
海
峽
海
鮮
朝
日
本
蘭州
甘
肅
省
西安
河
鄭州
河南省
安
徽
省
江
蘇
省
南京
上海
上海市
合肥
四川省
成都
重
慶
市
江
湖北省
武漢
長
杭州
浙江省
東
海
長
重慶
長沙
湖
南
省
長春
江
西
省
赤尾嶼
釣魚島
福
建
省
福州
台
灣
海
峽
台北
台
灣
省
台灣島
北回歸綫
太
貴州省
貴陽
廣東省
廣西壯族自治區
南寧
廣州
香港
澳門
東沙群島
巴
士
海
峽
平
河內
老
北部灣
海口
海南省
海南島
越
洋
萬象
西沙群島
永興島
菲
撾
中沙群島
馬尼拉
黃岩島
南
律
東埔寨
金邊
南沙群島
蘇祿海
賓
海
斯里巴加灣市
文萊
曾母暗沙
蘇拉威西海
馬來西亞
吉隆坡
新加坡
印度尼西亞
赤道

圖1　中國地圖

誇大現今的好中國(用產品填滿我們的商店,幫我們背債的中國)和以往的壞中國(一度標誌着西方勢力全球擴張限度的中國)之間的對比。然而,如果把毛澤東簡單地宣佈為一個瘋狂的暴君,斷言中國的現代史到他死後才真正開始,便難以準確描述文革結束以來這場快速而深入的社會變動,會錯失其中的一些重要維度。

與這種簡單化的做法不同,本書將會着意釐清,上世紀六十年代那個四面楚歌的孤立中國,與今天這個新興的世界強國,二者之間有何聯繫。這兩個中國並不像我們時或期望的那樣,真的構成了對立的兩極。毛澤東也想要一個現代化的強大中國,這一點跟二十世紀的其他中國領袖並無不同。文革時期的一些政策推動了這個目標的實現,另一些雖然是一望而知的無益之舉,卻還是左右了今日中國的獨特發展方向。

與其孤立地看待文革,視之為一個歷史的泥潭,我們不妨把中國這場帶有濃重民族主義色彩的運動置入全球背景,着重探討它與當前世界的聯繫。上世紀六七十年代,激進青年運動席捲全球,文革不過是其中的一個組成部分。西方的異見分子,當時也曾誇說,自己與中國的造反派之間存在某種想像中的聯繫,或者是情感上的共鳴。文革期間,借一九七二年尼克松訪華之機,北京和華盛頓弱化了彼此之間的長

期敵意，由此不但重塑了亞洲的國際政治格局，還為中國此後數十年的經濟增長奇蹟播下了種子。文革及隨後的撥亂反正對中國的官僚集團造成了十分沉重的打擊，以至於政府的改革政策幾乎沒有遭遇有力的質疑，正是這些改革政策，把中國變成了一個服務於全球化產業的大工廠。

中國革命中的現代化與民族主義

現代中國的反偶像革命傳統，至遲在十九世紀中葉便已隨太平天國叛亂而肇端。以失敗告終的太平天國叛亂是最為血腥的一次嘗試，旨在推翻虛弱腐敗的清王朝，後者到一九一一年終告滅亡。在孫中山及其後繼者蔣介石的領導下，國民黨堅持不懈地推動中國走向統一和現代化，使中國的革命有了更為現代的面目。共產黨也投身於這一進程，先是充當國民黨的盟友，後來又與國民黨兵戎相見，雙方以內戰的方式來決定，這場革命該極端到何種程度。國民黨於一九四九年撤到臺灣，中國大陸的社會主義革命再無阻攔。

到這個時候，文化層面的革命還只是剛剛開始。二十世紀的中國見證了一波又一波的革命浪潮，每一波都滿懷革新文化的激情。許多人都會指出，清王朝崩潰的先聲，正是它於一九〇五年廢除了科舉制度，

使這套沿用千百年的教育、階層流動、社會控制及意識形態主導體系毀於一旦。

中華民國於一九一一年成立，隨後的十年混亂不堪，一九一九年，逐步走向現代的中國知識分子領導了五四運動。是年五月四日的示威活動，主旨是抗議日本接收德國一戰前據有的中國殖民地，不過，五四運動分子同時攜有一份遠為廣泛的現代主義綱領。這場運動主宰了中國數十年間的知識生活，大力抨擊儒家文化及其宗法制度、土地租佃制度和排外傾向，視之為社會進步和現代性的最大障礙。五四時期的現代化倡導者堅信，科學可以帶來解放，民主則具有重塑社會的潛能。他們還宣稱，知識分子理應擔負引領中國的特殊使命，這一種自命不凡的主張，與他們極力反對的儒家思想大同小異。

中國的革命政治一方面日趨現代，一方面也帶有民族主義色彩，它以持續不斷的工潮、抗議示威和抵制洋貨運動為特徵，注意力最終被日本侵華的暴行徹底佔據。批評人士指責五四運動分子西化中國，致使中國脫離本根，但從實際情形來看，由於民眾對帝國主義的仇恨，中國的西化並未發生。蔣介石領導下的國民黨曾經組織了一場「新生活運動」，旨在破除迷信、關閉廟宇、搗毀封建神像、推動中國接受全新的現代生活方式，後來卻偃旗息鼓，放棄了諸如此類的激進措施。

新近登場的共產黨深受五四運動的影響，一早便打出了革新文化的大旗。不過，一直到毛澤東於一九三五年登上黨領袖寶座之後，文化才在中共的戰略體系中佔據了前所未有的中心位置。毛澤東曾在一九二一年參與中國共產黨的創建，後於一九三四至一九三五年間率領共產黨叛軍突破國民黨軍隊的重重包圍，從華南根據地逃到偏遠的西北城市延安，由此成為黨的領袖。史稱「長征」的這次戰略撤退保住了共產黨軍隊的骨幹，同時也迫使共產黨重新思考，自己應該跟接納自己的當地農民保持什麼樣的關係。

　　中日戰爭日趨激烈之時，毛澤東逐漸認識到，共產黨必須贏得中國農民的支持和信任。為了實現這一目標，共產黨拿出了限制城市知識分子和工人黨員的措施。一九四二年的所謂整風運動，內容包括對於精英做派的有意識擯棄，時或流於賭咒發誓的歌頌農民表演，以及一系列旨在向農民受眾宣傳革命理念的文藝創作。毛式整風運動增強了共產黨對抗日本侵略軍和國民黨的能力，同時又把農民藝術抬到凌駕於舶來音樂戲劇的高位，壓制了五四的普世精神。一九四五年，共產黨把一種著名的農民舞蹈(秧歌)改編成歌劇《白毛女》，敦促黨的知識分子以通俗易懂的方式進行寫作。

　　共產黨的藝術必須為政治服務，但毛澤東同時指出，更高的藝術水平才能實現更有效的宣傳。對於這

條全新的鄉土主義路線，延安的大多數知識分子相當自願地選擇了服從。他們看得到這條路線的強大效果，例證便是觀看《白毛女》的農民群情激昂，竟打算殺死扮演地主惡霸的演員。然而，等到日本戰敗，國民黨逃往臺灣，延安時期的許多做法便被他們束之高閣，因為勝利的紅軍闊步踏進了中國的各個城市，共產黨的統治對象不再是一個盤踞高原的游擊隊根據地，變成了一個情況複雜的國家。北京解放前夕，一名共產黨畫家興奮不已地高喊：我們終於可以畫油畫了！

共產黨執政的頭十七年

紅色中國的第一個十年，總體上可算卓有成效。破壞巨大的內戰之後，新成立的人民共和國恢復了社會秩序。土地改革和新經濟計劃帶來了驚人的經濟增長，在朝鮮戰爭中對抗美國的軍事成功則為北京贏得了新的尊敬。高等教育的擴展使急於建設美好中國的知識分子欣喜不已，藝術也開始同時從國外作品和本土傳統當中汲取靈感。

共產黨領導層的搖擺不定，第一個重要信號是一九五六至一九五七年的「百花齊放」運動。一九五六年，眼看經濟生活的「社會主義改造」平穩實現，信心膨脹的毛澤東向黨外知識分子伸出了橄欖枝，鼓勵他們就公共事務坦白建言，甚至可以對共產

黨提出批評。許多知識分子一開始心存顧慮，最終還是響應了黨的「百花齊放」號召，由此暴露出強烈的怨恨情緒，超出了黨之前的預計。見此情景，黨的領導層陡然翻臉，立刻放棄「百花齊放」運動的大度寬容，於一九五七年發起了猛烈的反右運動。此後二十年中，上百萬的知識分子因此戴上了「右派」的帽子，其中許多人丟掉了工作，有一些還被送進了勞改營。

批評人士既已噤若寒蟬，一九五八年的「大躍進」應運而生。大躍進是一場規模宏大的運動，旨在充分利用中國最豐富的一種資源，也就是勞動力，以便突破經濟增長的瓶頸。大躍進運動固然高瞻遠矚，鼓舞人心，但卻打錯了算盤。新成立的農業合作社紛紛合併為規模更大的人民公社，目的是通過農業重組來提高生產力，具體措施包括統籌安排各種家務勞動，比如做飯和帶孩子。一方面，大躍進運動確實催生了大量新建的農村工廠、道路和橋樑，帶來了重要的基礎設施改變，另一方面，行政反饋的缺失使得本已不切實際的生產目標更趨荒唐。下級官員唯恐被人劃為「右派」，於是迫不及待地向上級保證，各個領域的躍進都已大獲成功。黨偏聽偏信往往由投機政治的門外漢提出的建議，對通常出自各行業專家之口的勸誡不屑一顧。大躍進期間湧現了各種體量龐大的公共工程項目，其中一些取得了成功，此外還有各種荒

唐透頂的運動，比如異想天開的「大煉鋼鐵」運動和「打麻雀」運動。

大躍進使得許多省份的農業生產陷於崩潰，造成了極其嚴重的飢饉。政府以毫無根據的樂觀產量數字為依據，一方面削減了農業生產的配套資源，一方面還提高了糧食徵購的指標。一九六〇至一九六一年間，疾病和營養不良奪去了估計多達二三千萬人的生命，釀成了二十世紀最大的一場飢荒。

對於這場災難，黨的反應十分遲緩。意識到大躍進形勢不妙之後，毛澤東於一九五九年春把國家主席的位置讓給了劉少奇，後者是革命時期的地下黨元老。同年晚些時候，幾名共產黨高幹指責大躍進管理不善，好大喜功，脫離人民群眾。挑頭批評的是老革命彭德懷元帥，當時擔任國防部長，毛澤東的反應則可謂來勢兇猛，冷酷無情。彭德懷慘遭清洗，使得所有人再一次恍然大悟，黨圍繞着毛澤東樹立了多麼牢固的個人崇拜，約束他又是多麼地困難。

中蘇交惡，進一步加劇了中國的經濟危機。蘇聯的領袖一度是中國的「社會主義老大哥」，此時卻對中國走獨立自主發展道路的堅決態度產生了疑慮。等到中國就製造原子彈向蘇聯請求幫助，蘇聯便不再念記朝鮮戰爭期間兩國軍事合作的舊情。蘇聯為中國提供的一枚核彈本已整裝待運，最終卻還是未能付運，因為蘇聯的領袖不願意培養一個潛在的對手。隨着兩

國衝突持續加劇，蘇聯於一九六○年從中國召回了六千名技術顧問，數百個在建工業項目的藍圖隨他們一同離去，任由他們的中國同志陷入窘境。

與蘇聯之間的緊張關係，很可能給地位岌岌可危的毛澤東提供了機會，使得他可以煽動中國人的民族主義情緒，藉此鞏固自己的權力。毛澤東繼續擔任黨主席的同時，中國展開了一系列孤注一擲的試驗，希望治愈大躍進造成的經濟創傷。為了刺激糧食生產，地方上的一些領導放鬆了大躍進時期對營利性農民市集的嚴厲管制。黨開始栽培不久之前還是懲處對象的知識分子和專家，對於文化活動的監管由此放寬。

重燃革命之火

黨嘗試率領民眾走出一九五九至一九六一年的「三年困難時期」之時，政治形勢已經非常嚴峻。毛澤東繼續攥着黨主席的職位，儘管日常管理的權力已經交到國家主席劉少奇和黨總書記鄧小平的手裏。劉鄧二人都支持放鬆黨的管制，實行溫和的市場化改革，創造相對寬鬆的文化環境，當然，這一切都要以維持老一套的列寧主義框架為前提。毛澤東和擁毛派不但沒有順水推舟地接受諸如此類的自由化方略，反而開始倡議更為浩大的政治工程，以防中國偏離先前的革命路線。

中國政治有一條基本原則，亦即政治精英必須維持表面上的團結，哪怕是在內部鬥爭劍拔弩張之時。這樣一來，政策選擇引發的緊張局面始終處於隱而不顯的狀態。事實上，要等到文革開始之後，業已投入試驗的一系列政策選擇才會得到一個事後的評估，被劃成兩種截然對立的政策「路線」。文革爆發的一九六六年，極左分子紛紛對中華人民共和國一九四九年成立以來的「十七年」大加撻伐，目的是找出充分的理由，以便與那個被他們誤認為鐵板一塊的時期徹底決裂。

　　爭論的焦點之一是農村腐敗問題。一場「社會主義教育運動」於一九六二年啟動，極力維護意識形態的純潔性，要求重拾共產黨藉以上臺的階級鬥爭，以圖重振黨內日趨萎靡的革命精神。毛派對農村基層幹部的處理引發了黨內分歧，這場運動遭到了劉少奇、鄧小平和其他一些黨內高層的抵制。

　　毛澤東對自上而下的運動失去了信心，認定它永遠扳不倒官僚集團，於是在一九六二年告誡同僚，「千萬不要忘記階級鬥爭」，意思是階級鬥爭要「年年講、月月講、天天講、開大會講、開黨代會講、開全會講、開一次會就講」。毛澤東的意圖是號召民眾牢記推翻資本家和地主的歷史使命，維護工農聯盟在新社會的主導地位，藉此使中國的革命煥發青春。

　　毛澤東極力推動一場革命之內的革命。按照主席

先生的看法，人民共和國於一九四九年成立後不久，舊社會的各個統治階級就已經遭到推翻，但它們的影響陰魂不散，依然存活在人民的日常觀念和行為當中。革命摧毀了地主資本家掌權的物質基礎，但他們的意識形態根深蒂固，仍然滲透在新中國的社會體系，尤其是教育、文藝和大眾文化領域。毛澤東指出了兩種性質不同的反革命勢力，一種是舊地主階級留下的封建主義殘餘，另一種是深受外國淵源影響的資產階級意識形態。這兩種社會勢力經常彼此衝突，但卻在同歸失敗之後攜起手來，試圖蠱惑並誤導共產黨人，瓦解他們的革命意志，使他們偏離自己的目標。

既然如此，一個並不實際持有任何產業的人，照樣可能持有資本家或地主的信條。事實上，文革時期用得最普遍的整人帽子之一便是「走資派」，適用於任何一個偏離毛派路線的老共產黨員。身為一名終生不渝的馬克思主義者，毛澤東這種手法可謂極不唯物，但卻反映了他竭力把握社會主義中國新脈搏的意圖，還為他奠定了一個認識基礎，使他可以大規模地清洗黨內敵人。

革命之後，黨的立場一直搖擺不定，時而走進左傾時期，以弘揚工農兵美德為第一要義，時而步入保守階段，擴大「勞苦大眾」這個概念的覆蓋範圍，納入知識分子、辦公室職員和小店主，以及其他一些歷來名列「小資產階級」的市民。黨內敵手容忍乃至鼓

勵遠為折中的經濟政策之時，毛澤東卻發出牢記階級鬥爭的號召，毫不含糊地表明了他的左傾立場。黨屬於工農兵的毛派理念，與另一種理念來回拉鋸，那便是黨可以延攬知識分子、技術專家、宗教領袖和海外華人，以及曾經是資本家的人士。

文革爆發之前的四年裏，兩種理念的矛盾處於一觸即發的狀態。毛澤東得到了所有人名義上的擁護，但卻抱怨黨總書記鄧小平把他當成了葬禮上的屍身，光尊重他的形象，不尊重他的意見。其他一些人對毛澤東比較支持，尤其是新近當上國防部長的林彪元帥。作為革命時期的戰爭英雄，林彪取代了批評毛澤東的彭德懷元帥，主持了一個旨在提高軍隊地位及政治影響力的計劃。一九六四年，中國的第一枚原子彈試爆成功，軍方的聲望隨之提高。林彪不光把軍隊變成了左傾政治的根據地，還取消了軍銜和肩章，由此阻斷了軍官隊伍專業化的潮流。中國的軍隊由應募的農民組成，國防部便在一定程度上自許為億萬農民的政治保護人，甚至是他們的喉舌。提拔林彪的同時，毛澤東還開始倚重一群極左的知識分子，同時也越來越倚重他的妻子，江青。

江青和毛澤東於一九三八年在延安成婚，兩人的婚事在當時的黨內高層引發了爭議。許多人仍然支持毛澤東的前一任妻子，信不過這個使得領袖鬼迷心竅的上海影星。他們逼迫這對新婚夫婦答應他們的要

求，那便是江青不能進入政治領導層。江青不情不願地接受了這個條件，五十年代一直在文化機構擔任低級職位。然而，到了六十年代初，她開始躍躍欲試，忿忿不平，為她那個越來越憤懣的夫君當起了志同道合的盟友。一九六六年二月，眼看着緊張的局勢進一步升級，江青便與林彪合謀，主持召開了一次人民解放軍文藝工作座談會。此舉一箭雙鵰，一方面表明她擁有了一個新的公共角色，一方面也昭告天下，軍隊屬於毛澤東的陣營。

一九六二至一九六六年間，毛澤東和擁毛派組織實施了許多後來成為文革標誌的樣板舉措。一九六三年，軍隊編印了毛澤東的「紅寶書」（《毛主席語錄》），並且把它用作教材，通過強制的政治學習向士兵灌輸極左思想。城市青年開始有組織地上山下鄉，等到一九六八年，這一舉措會變成把搗亂的紅衛兵攆出城市的法寶。對於樣板士兵雷鋒的毛式神化始於一九六三年，農村建設的毛式樣板，也就是大寨生產隊，於一九六四年確立政治標竿的地位，工業領域的大寨，也就是大慶油田，亦於同年被樹為典型。除此而外，在安全隱蔽的內陸地區建廠的所謂「三線建設」運動，也是在一九六四年開始實施，只不過當時處於保密狀態而已。

這倒不是說，文革開始的時間真的比我們所知的早了幾年，只不過，在文革之前的那幾年，毛澤東和

擁毛派確實已經為中國制訂了一個條理分明的計劃。政治動盪之所以在一九六六年之後爆發，部分原因正是他們感到自己的左傾方略實施不力，遭到了職業官僚精英的抵制，後者也在忙活，目標卻是建設一個更為穩定、更為按部就班的體系。毛澤東在一九六六年點燃文革的烈火，方法不過是大搞群眾動員，煽動中國那些原本在政治上不活躍的群體。

毛澤東感到黨組織落入了對手的掌握，擔心自己鬥不過他們，於是便到黨外去找盟軍。為自己的路線招募新領軍人物的同時，他找上了非黨員積極分子，也就是所謂的「造反派」，後者欣然響應他的號召，準備發動「一場無產階級文化大革命」。毛澤東的號召叩動了許多人的心弦，因為他們覺得中國的社會生活欠缺公平，沒有達到革命理想的要求。

一九六五年，毛澤東會見了來訪的法國小說家及文化部長安德烈・馬爾羅（André Malraux）。會見期間，他對馬爾羅說，「中國過去的舊思想、舊文化和舊習俗必須拋棄。而無產階級的新思想、新文化和新習俗，儘管現在還不存在，必須建立起來。」此外，毛澤東相信實現共產主義是一個嚴肅的實踐問題，不是什麼抽象的理論探索。他對馬爾羅引述了蘇聯部長會議主席阿列克謝・柯西金（Alexei Kosygin）的話，「共產主義意味着生活水平的提高」，然後用辛辣的諷刺予以駁斥，「那當然！游泳是為了穿上條游泳褲！」

文革興衰：一齣兩幕劇

儘管文革的十一個年頭通常被視為一個連貫的整體，但我們不妨把文革看成兩個迥異階段的組合，以便更好地解讀這場運動。一九六六至一九六七年間，紅衛兵、心懷不滿的工人和野心勃勃的低級官員猝然釋放強烈的極左主義情緒，運動開展得轟轟烈烈。文革的這個群眾動員階段，成功地把毛澤東的對手趕下了臺。文革的第二個階段，從一九六八年一直延續到一九七六年，其間當局憑藉協商和武力鞏固了一種新的毛式秩序，約束住了各式各樣的造反派群體。革命由是讓位於鎮壓，重新確立的黨中央壓制了一九六六年的造反派。第二階段在一九七一年迎來了一個重大轉折，原因是身為毛澤東指定接班人的林彪於是年死於非命。這樁醜聞使得大多數中國人手足無措，文革由此進入一個苟延殘喘的時期，在此期間，疾病纏身的毛主席遠遠地充任着派系鬥爭的無效仲裁，直至一九七六年去世。

一、一九六六至一九六七年：極左狂熱

毛主席感覺自己被保守派同志排斥在外，力圖重掌大權，文革便適時爆發。無產階級文化大革命於一九六六年五月正式開始，與以往十七年的任何運動

都不相同，因為它攻擊的目標不是黨的敵人，而是共產主義黨國本身。

籌劃文革的時候，毛澤東發現北京已經被對手牢牢控制，於是便轉向中國第二重要的城市，去上海尋求政治支持。毛派筆桿子在上海找到了發聲渠道，得以發表一些首都媒體不肯刊載的文章，上海本地也有幾名野心勃勃的能人起而響應，主動投身於毛派事業。

遵照毛澤東的命令，上海寫手姚文元撰文批判一九六一年上演的京劇《海瑞罷官》。該劇雖然以明朝為背景，卻可以解讀為借古諷今，真正的用意是聲援敢於批評毛澤東搞大躍進的彭德懷，為這位老帥鳴不平。此外，該劇作者吳晗身任北京市副市長的要職，並不是什麼政治生手。毛澤東的策略是攻擊保守派黨內高層的下屬，藉此孤立他們的上司。北京市委書記彭真既然無力阻止對吳晗的批評，無力庇護他羽翼之下的這個政治門生，他本人自然是迅速倒臺。北京市委陷於混亂之後，毛澤東便有了更大的餘地，可以放手收拾劉少奇和鄧小平。

毛澤東從常規政治生活之外招來了盟軍，以便掃除障礙，使他的黨回歸他認定的正途。擴大了全社會的政治參與範圍之後，毛澤東對學生寄予了格外高的期望。學生們的反應是自發組建各種「紅衛兵」團體，迫不及待地批鬥老師和地方黨委領導，以及幾乎

所有的當權者。在這個普通人難有發言機會的專制社會，毛澤東鼓勵年輕人大膽攻擊他的敵人。紅衛兵迅速行動起來，組織了各種群眾集會，出版了各種報刊，在公共場所張貼了各種「大字報」，抄了各種想像之敵的家，甚至設立了各種關押倒臺官員的監獄。他們的年輕魯莽，以及社會責任感的缺失，一方面增添了他們參與政治的積極性，一方面也助長了內部矛盾和極端行為。

原有的黨組織既已土崩瓦解，毛派分子便代之以一個新組建的中央文革小組。這個小組一開始步履艱難，無法在北京之外的地方確立權威。極左分子雖然通過一九六七年的「一月風暴」推翻了上海的黨委，卻發現這種模式很難推廣到其他地方。相互對立的紅衛兵團體在全國各地你打我打你，往往是各自都有黨政官僚的幕後支持。看到此時的暴力行為和無政府狀態，許多人都大為震驚，連擁毛派也不例外。風光一時的高級官員紛紛在群眾批鬥會上遭受公開的羞辱，使得主席先生的許多盟友兔死狐悲。一九六七年初，一些人在一系列會議上表達了自己的反對意見，結果被批為「二月逆流」。不過，他們的反對並非毫無作用。形形色色的紅衛兵團體你爭我奪，個個都自稱擁護真正的革命路線，軍隊本來不願意介入他們之間的爭鬥，最終還是被捲進了衝突的漩渦。到一九六八年初，軍隊開始以越來越高的頻率出手恢復

社會秩序，尤其是在紅衛兵幫派打起了區域性內戰的那些地方。

二、一九六八至一九七六年：確立革命秩序

　　一九六八年，政府開始進行認真的嘗試，力圖約束文化革命的群眾政治，給這種政治的瘋狂一面畫上句號。到這個時候，保守派官員已經悉數遭到清洗，比如國家主席劉少奇和其他一些黨內「走資派」。然而，各式各樣的紅衛兵和造反派團體依然打鬥不休，局面依然一片混亂，使得經濟建設無法開展。除此而外，毛派分子還感受到了外來的壓力。在北方，中國與蘇聯之間的軍事緊張有所加劇，而在南方，美國又升級了對越南的侵略戰爭。

　　為了重建秩序，大獲全勝的擁毛派採取了多種措施。其一，擁毛派強迫各個對立的極左團體聯合起來。重建地方權力機構的協調工作十分複雜，作為手拿槍桿子的毛派，軍隊負起了新的政治責任，在重建過程中發揮了至關重要的作用。軍隊為新組建的「革命委員會」充當後盾，後者是由造反派頭目、左派官僚和軍隊指揮官「三結合」而成的地方行政機構。軍隊領導扮演掮客的角色，一個省一個省地協調地方行政安排，通常掌握着最大的權力。其二，擁毛派借用「上山下鄉」運動的名義，把紅衛兵打發到農村去幹

農活。「上山下鄉」運動先前就有，如今規模擴大，迫使紅衛兵與農民積極分子同吃同住同勞動，管好自己的手腳，藉此掃清了政治戰場的垃圾。其三，擁毛派秘密發起了一場「清理階級隊伍」運動，審查所有人的個人檔案，清洗了許多不受毛派領導集團歡迎的人。這場清洗是文革最為暴虐的一面，但卻不怎麼顯眼，遠遠比不上紅衛兵盛期那些大張旗鼓的批鬥會。

一九六八年五月，隨着紅衛兵紛紛被當局遣送下鄉，文革中的社會運動群眾動員宣告終止。毛澤東認為，打倒權威的運動應該到此為止，並通過以下言論表明了他的立場轉變：「要相信百分之九十以上的幹部是好的和比較好的。犯了錯誤的人，大多數是可以改的。」

一九六九年四月，中共召開第九次全國代表大會，標誌着政治生活在一定程度上恢復了正常。保守派高幹已遭清洗，鐵桿毛派由此得到了晉身黨內最高層的機會。倖存的中共第八屆中央委員會成員當中，將近百分之七十沒能進入九大選出的第九屆中央委員會。各省的省委第一書記總計二十九人，其中有二十五人職位不保。江青等來自黨政機關的中央文革小組成員獲得了更加顯赫的地位，人民解放軍的高層領導也是如此，重要原因之一是同年三月，解放軍剛剛跟蘇聯打了一場邊界戰爭，由頭則是一個有爭議的河中島嶼。作為軍隊領導之首，國防部長林彪被任命

為黨的副主席，並且被稱許為毛澤東「最親密的戰友」，享受到了公認接班人的待遇。

九大之後的餘年當中，文化大革命的口號跟先前一樣，姿態也大致相同，性質卻發生了變化，因為毛派已然大權在握，關注點從奪權變成了固權。中央層面的政治，可說是朝令夕改。黨雖然狠批宗派主義，以周恩來總理為首的黨政機關左派和務實官員還是與軍方官員(軍方內部也有派系)發生了明顯的分歧。所有人都在爭搶毛主席的恩寵，因為他才是各種爭端異議的調停大師。

從外部看，中國的局面顯得比較和諧，到了中南海的黨中央駐地內部，情形卻並非如此。一九七一年九月，林彪死於非命，業已經歷五年政治動盪的中國，又一次遭受劇烈震撼。在此之前，林彪(更可能是他的下屬)組織了一次反對毛澤東的未遂政變。關於林彪事件的來龍去脈，官方說法的許多細節都讓人難以置信，總而言之，事件的最終結果是林彪帶着妻子和兒子逃離中國，隨後在蒙古墜機身亡。事件的政治後果是一次針對林彪高級助手的清洗，以及一場公眾信任危機，除此而外，文革初期遭受清洗的部分官員沾到了林彪事件的光，得以平反昭雪。

文革的最後幾年，毛澤東的健康狀況日益惡化，各路人馬都在他的宮廷裏爭搶位置，黨中央充斥着派系陰謀。與此相反，群眾政治倒是比一九六六年之後

的任何時期都要平靜，因為老百姓已經縮了回去，對那些較比誇張的政治參與形式敬謝不敏。跟以往相比，草根層面的中國似乎正常了一些，中央領導層卻顯得更加怪異。

左派軍隊領導在林彪事件之後失勢，成全了另外兩個群體。一群是通過毛夫人江青效忠毛澤東的黨政機關積極分子，另一群是以周恩來總理為首的溫和派職業官僚。一九七三年，中共十大期間，有四十名獲得平反的文革受害者當選為中央委員，其中包括一度被斥為「第二號走資本主義道路的當權派」的鄧小平。在此之前，「中國的赫魯曉夫」劉少奇已於一九六九年離開人世，死狀十分淒慘。相形之下，毛澤東對鄧小平的態度沒有那麼嚴厲，之前還庇護過他，讓他逃過了跟劉少奇一起被開除出黨的厄運。在江西下放一段時間之後，鄧小平於一九七三年奉召回京，當上了副總理，與周恩來一起制定現代化的方略。一九七五年，毛澤東把鄧小平重新塞進執掌核心權力的中共中央政治局常務委員會，顯然是考慮到了周恩來日益惡化的健康狀況，打算給他安排一個經驗豐富的繼任者。

七十年代初期，高層鬥爭一直是通過公開的政治運動來決出高下。但這些運動往往高深莫測，針對的並不是高層領導之間的衝突本身，而是象徵這些衝突的替身問題。比如說，所謂的「批林批孔運動」，真

實的用意到底如何？不用說，林彪已經變成了壞蛋，與此同時，五四運動以來，追求進步的中國人一直在樂顛顛地批判孔夫子，因為他是舊社會的象徵。但是，為什麼要把他們兩個綁在一起呢？把批林批孔解讀為江青策動的反周恩來運動，依據的是什麼樣的譯碼體系？林彪陰謀曝光之後，這一類的藏頭露尾無益於爭取民眾的信任。

與這些莫名其妙的左派政治運動形成鮮明對比，周恩來總理最後一次重申了「四個現代化」的目標，亦即農業、工業、科學技術和國防現代化。他選用的說辭仍然是順應時勢的文革語言，內容卻反映了鄧小平和其他一些復職老幹部的經濟務實路線。

整個文革期間，周恩來一直負責管理日常事務，直到今天，他依然是一個不無爭議的人物。他真的是有些人說的那種斡旋大師，好歹讓毛澤東的革命激情得到了些許約束嗎？會不會，他其實是一個一味諂媚毛澤東的投機大師，庇護或犧牲下屬都是從個人利害出發呢？

疑神疑鬼的政治妄想，此時已經發起了高燒。作為唯一一個有能力裁決派系爭鬥的中心人物，毛澤東的健康每況愈下（他患有帕金森氏徵和心髒病），由此便喪失了仲裁的功能。周恩來於一九七六年一月去世，同年四月，北京的天安門廣場發生了悼念周恩來的示威活動，極左分子把這件事情用作口實，說服毛

澤東再一次清洗了鄧小平。借文革登上高位的公安部長華國鋒被任命為國務院代總理，兼任黨的第一副主席。同年六月，毛澤東已經虛弱得無法接見外賓，他的話音，還有他的筆跡，都已經變得難以辨識。同年七月，華北城市唐山發生大地震，二十五萬居民不幸喪生，此事使得頭腦迷信的人們心生懷疑，統治者是不是已經日薄西山，失去了傳統所說的「天命」。

毛澤東於一九七六年九月九日去世，敵對派系之間的終極對決迅即上演。華國鋒當上了黨主席，一幫擁毛派將另一幫擁毛派逮捕。軍隊首腦和毛澤東的警衛局長發動政變，逮捕了首要的黨政機關極左分子，也就是毛澤東的遺孀江青、筆桿子官僚姚文元、上海黨委書記兼副總理張春橋，以及黨的副主席王洪文。這些極左分子被安上「四人幫」的諢號，起初的罪名包括「破壞無產階級大革命」，然而，此時的中國其實已經踏上了另一條漫長道路，正在否定毛澤東發起的最後一場大規模群眾運動。

解讀

按照毛澤東原來的打算，文革只會持續一年的時間。如今有許多人提出了一種頗為雄辯的說法，意思是早在一九六八年紅衛兵運動遭到壓制之時，文革實際上已經終止。然而，群眾動員結束之後，毛澤東及

其盟友仍然在繼續談論文革，按照黨的說法，這場運動也是到一九七七年才告終結。文革的截止日期，是一件至關重要的事情。如果我們把文革時期限定在一九六六至一九六八年之間，之後八年的許多事件，比如向西方打開大門、大學擴招和基建投資，看起來便更像是改革時期的先聲，儘管中國正式啟動改革的時間是一九七八年。如果我們把一九六六至一九七六年看成一個無縫連接的整體，便可能對群眾動員的極左階段和黨重新掌控局面的階段等量齊觀，抹殺二者之間的差異。本書尊重文革十年在口號上的一致性，同時也會審慎分析十年當中的變化，因為文革的極左初始階段，以及為時更長的鞏固階段，在政治、文化、經濟、外交等方面存在顯著的區別。

文革結束之前許久，人們就已經開始分析這場運動，提出各自的批評。運動初期，極左分子認定這場運動不夠徹底，於是大聲疾呼，要求擴大進攻當權派的鬥爭。七十年代初，獲得平反的鄧小平也對各種文革政策做過一番審視，目的則是弱化這些政策。不過，毛澤東在世之時，左右兩派的分析用的都是主席先生本人的措辭，為的是明哲保身。

關於文革爆發的原因，目前有三種寬泛的解釋，一是政治精英階層的內訌，二是中國社會的內部矛盾，三是中國當時的國際地位。

建基於精英內訌的各種說法當中，以毛澤東為中

心的敘述一直很受大眾的歡迎，儘管學者們對這種敘述有所保留，並沒有那麼感冒。文革進入全盛時期之際，許多人都把毛澤東描繪為代表革命群眾的一位偉大戰士。等到他死了之後，尤其是在中國以外的地方，人們大多把他說成一個剛愎自用的惡魔，製造混亂只為一己之私。一位流亡的中國藝術家畫了一幅巨型油畫，傳神地表現了這種情緒，畫中的毛澤東正在進入地獄，迎候他的是一幫已死的專制暴君，其中包括希特勒和斯大林，以及第一個統一中國的殘暴典型秦始皇。

毛澤東兼有英雄和惡魔的特質，關於文革的任何解讀，少不了要給他留出一個重要的位置。然而，有一些流行敘述走得太遠，說毛澤東把個人意志強加給了全社會。這樣的觀點，類似於以希特勒為中心去解讀第三帝國，完全忽略德國民眾自身的帝國主義傾向和反猶情緒。除此而外，在毛澤東與惡魔之間畫上等號，不啻為當今中國的執政者打開了一道政治上的方便之門，因為他們本來就能躲則躲，不想深入探究中國這段不太遙遠的過去。這種視角還可以討好西方受眾，因為他們往往喜歡把中國民眾想像成一群受害者。但是，這一類解讀都是以浮淺學術為基礎，只圖傳達簡單訊息，對各種複雜關係視而不見。

跟任何國家的許多高層政客一樣，毛澤東並不是一個心理平衡、情緒穩定的人物。他本來就非得佔據

舞臺的中心位置，文革又把他變成了一個政治上不可或缺的要素。要是忽略他在文革當中的軸心地位，或是忽略他的個人特質，比如他對其他領袖的殘酷寡恩以及他臨死前的嚴重疾病，無疑是一種愚蠢的做法。話又說回來，要是把文革的起因簡單地宣佈為毛澤東的邪惡，無異於拒絕考量其他因素，徹底推卸這份應盡的責任。

聚焦精英階層的一些較為細緻的研究，把眼光延伸到毛澤東之外，覆蓋了中國領導層的內部關係。有一些研究審視了黨內長期存在的派系鬥爭，比如說上世紀三四十年代，在紅色首都延安一起工作的共產黨，便與那些在敵佔區工作的地下黨關係緊張。還有些研究梳理了領袖們的私交，比如軍方高層與黨政機關文革領袖之間的互動模式。這一類的分析沒有把文革簡化為一場毛澤東對所有人的鬥爭，考慮到了私人恩怨的作用，以及理想主義、行動主義和嚴肅政治文化論辯的影響。文革的口號，向人們提出了一些堂而皇之的重大問題。革命應當向何處去？要到何時，在何種情形之下，革命才算是圓滿結束？宏大問題之外，文革期間的各種衝突還與一些世俗層面的因素息息相關，比如革命同志之間的多年傾軋，在漫長革命生涯中積攢起來的個人怨恨，以及往日錯誤留下的不堪記憶。

另有一類解讀，強調的是更為廣泛的社會及文化

因素。這類解讀都有一個預設的前提，那便是中國的政治跟其他地方的政治大同小異：民眾意識到社會不公，開始尋找發洩不滿的機會，同時樹立新的政治理想，後一件事情通常是在政治中介的幫助下完成。一些分析人士從社會狀況入手，考查受益於文革號召的究竟是些什麼人。舉例來說，動員青年投身紅衛兵運動的時候，理想主義號召的背後是一種心照不宣的認識，也就是中國社會的青年人太多，不是每一個都能找到理想的工作。和平與繁榮催生的嬰兒潮，造成了種種政治後果。另一些學者研究了早前政策留下的影響，比如黨對政治運動的依賴，以及對想像之敵的嚴密防範。還有些學者強調專制傳統的殘餘毒素，並且指出，這些毒素往往添上了列寧主義的新特色。一望而知，文革期間的各種儀式和行為，確實帶有中國社會等級傳統的痕跡。這一類的文化分析意義重大，釐清了種種事件的演變方式，但卻對解釋事件的起因幫助不大。

還有一類解讀，以各種國際因素為着眼點。舉例來說，文革剛剛開始的時候，許多西方分析人士都聲稱，這是中國對越南戰爭升級的一個反應，只不過，隨着這場運動的深入開展，這樣的觀點很快就顯得大錯特錯。儘管如此，全球冷戰的大背景，再加上中國被迫陷入的國際孤立，似乎確實影響到了中國的政治體系，對它造成了額外的壓力。中國與蘇聯的決裂，

使這樣的孤立處境雪上加霜。一些學者認為，毛澤東對蘇聯那些官場惡習的認識，也是問題的一個因素。然而，蘇聯這面鏡子，反射出來的多半只是毛澤東想看的東西，而我們很難設想，毛澤東發動文革的原因，竟然是某個外國的國內形勢。文革一開始加劇了中國的孤立，後來卻起到了緩解孤立的作用。

　　大多數文革研究者都會同意，單一的解讀再怎麼精闢，仍然不足以說明問題。上世紀六十年代初，重大的政治危機加劇了中國領導層的內鬥，激化了中國的社會矛盾，驅使中國與國際社會分道揚鑣。如果我們一味關注誰對誰幹了什麼的簡單敘述，不理會那個意義更為重大的問題，亦即中國的十年動亂與它在二十一世紀的國際政治地位有何關係，似乎是一件非常可惜的事情。

第二章
「政治掛帥」

「政治掛帥」是文革期間一句流行的毛式口號，意在隨時提醒文化革命的積極分子，政治上的選擇是否正確，貫徹選擇的意志是否堅強，決定着這場運動的生死存亡。相較於西方的政治實踐，中國政治的標準套路具有三個與眾不同的特徵。

首先，中國共產黨的統治從未遭受嚴峻挑戰，享有無比優越的地位，以至於在西方十分清晰的黨國界限，在中國已然模糊不辨。文革期間，中國一度沒有國家元首，照樣是若無其事。不管文化革命的口號怎樣喊，政府縱容的混亂怎樣蔓延，共產黨一直在持續膨脹，黨員人數從一九六六年的一千八百萬，增加到了一九七六年的三千四百萬。另一方面，由於恐懼資產階級思想的侵襲，黨的青年組織和婦女組織被迫關門大吉，八個貌似能與共產黨分享政權的所謂民主黨派，文革期間也停止了活動。

其二，黨時常乞靈於行政手段之外的方法，尤其是撇開相關政府部門的大規模「會戰」（運動），亦即把官員、積極分子和普通市民動員起來，藉此突擊實

現某個特定的目的。黨的這件法寶，普遍適用於各種性質迥異的目標，曾經用來給婦女掃盲，用來實施土改，用來消滅血吸蟲病（一種肆虐華南的傳染性肝病），用來創作詩歌，大躍進時期還曾經用來建造土法煉鋼的高爐。正如「會戰」這個軍事術語所暗示的那樣，這種方法用來調集資源非常好使，利用資源的效率則未能盡善。「會戰」的成效參差不齊，但卻都帶有迫使官僚集團夾緊尾巴的用意。從某些方面來說，文革本身就是一場聲勢浩大的漫長「會戰」，由許多規模較小、範圍較窄的針對性運動組成。

其三，黨發明並完善了一套按政治地位給國民打標籤的體系。這種做法源自與革命相伴隨的大規模土改運動，因為當時的黨需要徹底弄清，哪些人是地主，哪些人又是無地的農民，以便沒收一部分人的財產，分配給另一部分。劃分成份逐漸變成了走過場的官樣文章，但卻附帶着顯而易見的重大後果。土改之後，階級標籤變成了甩不脫的帽子，以後還得傳給子孫後代。接踵而至的歷次政治運動進一步加固了這些標籤，因為黨開始向「貧下中農」及其子女尋求支持，同時對曾經的地主及其後嗣白眼相待。其他的一些標籤相繼出籠，依據則不再是先前的經濟地位，而是現今的政治地位。文化大革命開始之後，地主、富農、反革命分子（曾經反抗共產黨統治的人）、壞分子（曾經違法犯罪的人）和右派（一九五七年反右運動的

受害者）被定義成了所謂的「黑五類」。

　　文革為我們提供了一部中國政治的百科全書，從理想主義、烏合暴力、陰謀詭計、關係網絡、官僚常例、政治監禁、請願上書、行賄受賄、政治分贓、公眾表演、幕後交易到軍事政變，可說是應有盡有。這些做法放大並扭曲了中國普通政治的常規運作。文革時期的政治複雜性，可以藉幾個關鍵詞予以說明，那便是舞臺表演、毛崇拜、造反、懲戒和派系鬥爭。

舞臺表演

　　文革政治具有自覺自願的戲劇性。在這場運動當中，面向公眾的各位演員紛紛搔首弄姿，以求在歷史的舞臺上收到戲劇化的效果。運動愈演愈烈之時，為了凸顯自己雄風猶在，與年輕人聲氣相通，毛澤東以七十二歲的高齡，在武漢來了一次高調宣傳的暢游長江。千百萬的年輕人迅速下水，竭力模仿領袖的壯舉。官方在天安門廣場搞了一系列精心導演的百萬紅衛兵大集會，一些年輕的與會者在會後擺出了一個戲劇化的姿態，拒絕清洗與主席先生有過接觸的手。號召支持者行動起來的時候，毛澤東做出了各種誇張的姿態，又是佩戴紅衛兵袖章，又是撰寫他自己的「大字報」，後一種姿態是師法那些年紀輕輕的造反派，因為他們在公共場所張貼了數以萬計的革命宣言。

圖2　佩戴紅衛兵袖章的毛澤東（White Lotus Gallery）毛澤東佩戴紅衛
兵袖章，藉此表明對年輕造反派的支持。

此後不久，遏制紅衛兵變成了當務之急，毛澤東便大張旗鼓地拿出一些芒果，贈送給一支工人宣傳隊的成員。工宣隊是一種新組建的機構，功能是強迫參與武鬥的各個學生團體化干戈為玉帛，以便恢復社會秩序。這些芒果原本是巴基斯坦來賓送給毛澤東的禮物，主席先生又將它們轉贈工宣隊，標誌着時至一九六八年，他已經不太待見乳臭未乾的學生造反派，轉而倚重踏實可靠的工人階級成員。獲贈芒果帶來的有組織狂喜，包括一些獲得媒體廣泛報導的舉動，那便是工宣隊員們竭力保持芒果不爛，以便讓大家永遠有機會瞻仰芒果，好比中世紀的基督徒，虔誠朝拜聖人的遺骨。

這樣的舞臺表演具有實際的用途，有利於傳播籠統的政治訊息，因為中國社會通訊落後，黨控制的大眾媒體又時常顯得單調乏味。文革期間有許多編排一流的事件，向年輕人提示了新的政治參與方式，而他們的政治生活原本由現已名譽掃地的少年先鋒隊(小學生組織)或更難加入的共產主義青年團(高中生組織)安排，雖然說有條不紊，卻只能被動接受。紅衛兵重走一九三四至一九三五年間紅軍長征的路線，踏上亦步亦趨的朝聖之旅，越來越心向毛主席，越來越緊貼革命記憶。他們還組織各種公開羞辱倒臺官員的儀式，成為鬥爭對象的官員被迫長時間罰站，有時還得戴高帽掛黑牌，承受精神上往往也包括肉體上的折磨。這

些儀式的主旨是打倒當權派，同時也讓年輕的造反派有了一種賦權感。

文革的這些戲劇化姿態，受眾不只是中國的年輕人，甚至還包括共產黨高幹自身。這些表演令人震撼，有助於說服搖擺不定的領導層成員，使他們看清形勢，認識到自己不能螳臂擋車。所有的政權都懂得借助儀式，中國的政治傳統更不乏炮製鬧劇的先例。歷朝歷代，許多揭竿而起的農民領袖都曾經穿上戲裝，在他們自建新朝的支持者面前亮相，舞臺特效與政治行動之間的關聯，由此便一望而知。

不過，文革的戲劇一面也不完全是刻意編排的結果。這場毛式運動既是對一些事件的反應，本身又催生了一些事件，隨便拿什麼標準來衡量，這些事件都算得上相當戲劇──陰謀、出賣、救援、反叛，全都不失為任何藝術的絕佳主題。縱觀整場文革鬧劇，許多最為轟動的片段並沒有多少導演的成份，甚或是完全未經導演，往往與毛派舞臺監督的口味截然相反。

舉例來說，林彪事件可說是極其轟動，但卻不是毛派想要的那種轟動。事發之前，毛澤東似乎打算限制軍方的政治權力，林彪雖然是公認的接班人，此時卻發現自己的影響力越來越小。於是乎，要麼是他自己組織了一次不成氣候的暗殺和政變，要麼（這種可能性更大）就是他兒子林立果替他幹了這件事情。一九七一年九月十三日，林彪乘坐的飛機在蒙古墜

毀。登上那架飛機的時候，他多半對事情的動態不甚了了，還有可能被人下了藥。

林彪事件的戲劇性不僅僅體現於林彪黨羽的陰謀，以及林彪的女兒向周恩來總理揭發陰謀的情節，還體現於官方處理此事的方式。獲悉此事之後，毛澤東和中央文革小組一方面十分震驚，一方面也產生了一種合情合理的憂慮，擔心這樣的新聞會打擊中國的億萬民眾，摧毀他們對文革的信心。毛澤東着手清洗人民解放軍領導層的時候，中央政治的嚴重混亂赫然暴露在人們眼前，因為官方做出了一個史無前例的決定，取消了同年十月一日的國慶閱兵和慶祝活動。

林彪鬧劇導致一場計劃中的鬧劇未能上演，因為文革積極分子正在挖空心思編造理由，以便向人民解釋清楚，毛主席「最親密的戰友」為什麼會出賣主席。中央領導層準備了一些旨在說清這樁醜聞的文件，過程卻多半不會比美國的華倫委員會（Warren Commission）解釋甘迺迪遇刺輕鬆。事發的第一個星期，只有中央政治局的成員得到了通報，相關消息藉由一個極其複雜的秘密簡報系統逐步傳遍全國，普通民眾到將近一年之後才知道這件事情。毛澤東的擔憂變成了現實：直到今天，許多曾經的文革積極分子依然聲稱，自己之所以對文革感到幻滅，正是因為林彪事件。就這個例子而言，鬧劇不但沒有激發對文革路線的新熱情，反倒挫傷了人們的積極性。

在精英政治層面，文革對三個派別不一的毛澤東接班人造成了人身及政治毀滅。第一個是國家主席劉少奇，他從毛澤東指定接班人的高位一落千丈，於一九六九年在缺醫少藥的慘境中孤獨地死去。林彪於一九七一年身遭橫死，再一次提醒所有的人，中國的政治戲劇，終究不會完全遵循某個大綱腳本。第三個功虧一簣的接班人是來自上海的極左分子王洪文，他「坐着直升機」飛上青雲，三十八歲就當上了黨的副主席，到頭來還是被公安部長華國鋒擠到一邊，後來還被列入「四人幫」集團，以身陷囹圄告終。

毛崇拜

隨着毛澤東的權勢日益增長，他的一言一行，還有他的形象，全部都籠上了偶像崇拜的神聖光環。早在一九六三年，軍隊就把毛澤東的語錄編成了「紅寶書」，預示着某種非同一般的風尚即將到來。劉少奇的著作雖然也已再版以供政治學習之用，毛澤東著作的分發卻掀起了一場意識形態的海嘯。四卷本的《毛澤東選集》是備受歡迎的勞模獎品，同時也是贈送新婚夫婦的合宜禮物，因為資產階級的奢侈品會惹麻煩。毛氏著作的版本因階層而異。供應公務員的《毛澤東選集》，篇幅兩倍於供應工人農民的版本，後一種包含的文章比較短，腳註卻多得多。「紅寶書」則

羅列了一些簡潔有力的語錄，用的是易於查找的分主題編排方式，以便為或業餘或專業的一切政治評論人士提供食料。紅衛兵紛紛把「紅寶書」隨身攜帶，為的是隨時從中尋求指引。就連那些官高爵顯的領袖人物，一樣會在群眾集會上揮舞「紅寶書」，滔滔不絕地引用毛主席語錄，只不過，他們的滔滔不絕絕非無的放矢，都是以堪為表率的政治嗅覺為基礎。主席先生通過出版作品掙來了版稅，似乎還把它當成了一筆實施政治賄賂的儲備金，用來贊助他個人教派的一些事業。

中國的國歌《義勇軍進行曲》，此時已經跟它的詞作者田漢一同倒運，變成了有問題的東西。國歌的非正式替代品則是《東方紅》，一首由華北民謠改編的革命頌歌：

東方紅，太陽升，
中國出了個毛澤東。
他為人民謀幸福，
他是人民的大救星。

一九四九年之後，《東方紅》一度受人冷落。或許，就連毛澤東本人也覺得它太不謙虛，對其他的共產黨領袖構成了一種毫無必要的蔑視。然而，這首歌在一九六六年報復性地捲土重來，在公開集會上唱，

在街頭的廣播喇叭裏唱，到一九七〇年還登上了中國發射的第一顆人造衛星，從那裏對着整個地球唱。

文革時期最流行的另一首歌曲是鮑狄埃（Pottier）和狄蓋特（De Geyter）一八八八年完成的《國際歌》，這首激進的頌歌在全世界的無政府主義者、共產主義者和社會民主黨人當中傳唱不衰，把它譯成中文的則是上世紀二十年代末期的中共領袖瞿秋白。文革期間，誰也沒有留意到《東方紅》歌詞與《國際歌》第二段之間的明顯矛盾：

> 從來就沒有什麼救世主，
> 也不靠神仙皇帝！
> 要創造人類的幸福，
> 全靠我們自己！

各類組織爭先恐後，個個都在向毛主席表忠心。報紙用紅色油墨來印刷主席先生的話語，要是你亂用過期報紙，讓人懷疑你對這些神聖的語句不敬，就可能招致嚴重的政治批判。產量以百萬計的毛主席像章，甫一面世就變成了可收藏可交易的珍品，似乎你擁有大量的主席像章，便可以證明你的革命信仰無比堅定。「忠字舞」把政治立場變成了可視形象，給毛主席語錄配上合適曲調的一系列新歌應運而生，「毛主席萬歲」的歡呼，響徹了中國的大街小巷。各種新

聞短片、繪畫作品、海報招貼和雕像塑像也為毛崇拜火上澆油，整個國家淹沒在主席先生的光輝形象之中。其中一些雕像龐大無比，藝術上雖然乏善可陳，巨無霸的規模卻足以使人高山仰止，或者是望而生畏。此外還有一些尺寸較小的領袖胸像，適合於案頭擺放。無論是一座城市還是一個人，展示毛澤東的形象便可以表明忠心，以及對毛式路線至少是表面上的忠誠。

一九六六年，在中國公眾心目當中，毛澤東擁有巨大的道德權威。民眾堅信不疑，他的一舉一動都是為了中國，為了革命，為了社會主義。毛崇拜的源頭正是這種自發的崇敬，極左分子則利用它來謀取政治利益。很有可能，毛澤東認為這種公眾崇拜是他理應享有的東西，也有可能，他只是認為這種崇拜派得上用場，可以借助它來壓制政治對手。哪怕是面對最為荒誕的毛崇拜表現形式，毛澤東也不曾出手壓制，或者是加以嘲諷。等到他利用個人崇拜的紅色狂熱來達到直接的政治目的，他的道德權威便打了折扣。一個理想化的毛澤東為一場理想化的革命而鬥爭，也許是一件眾望所歸的事情，現實中的毛澤東把失勢的劉少奇列為叛徒開除出黨，那就完全是另一回事了。

在西安，一場文革歌舞表演臨近尾聲的時候，演員們獲贈了一尊毛澤東石膏胸像。在那個「紅寶書」和群眾集會遍地開花的年代，這件禮物象徵着共同的

圖3　揮舞「紅寶書」的官員歡迎毛澤東、周恩來和林彪　（White Lotus Gallery）官員揮舞「紅寶書」向毛澤東表示忠心。稍稍落後於毛澤東的是國防部長林彪和總理周恩來，林彪還佩戴了一枚毛主席像章，進一步宣示忠誠。

革命激情。演員們回到後臺之後，胸像從一名樂師的手中滑落，在地板上摔得粉碎。毛主席的腦袋，最崇高的革命智慧源泉，變成了一堆石膏殘片。演員們大驚失色，一方面是因為主席先生神聖不可侵犯的形象遭到了突然的毀壞，一方面也因為嚴重的政治指控即將到來。他們一聲不吭，圍着破爛的胸像站成一圈，用腳把主席腦袋的殘片碾成了灰塵。他們心知肚明，大家已經變成了心照不宣的共犯，都得竭力掩蓋這椿不為人知的罪行。

毛崇拜包含着一個自我約束的方面，在西方人看來很難理解，那便是中國人從來不說「毛澤東主義」，小心翼翼地避開了這個提法。儘管「毛主義」和「毛派」似乎可以準確反映那個時代的精神，中國人卻不用這兩個詞，轉而採用拗口得多的「毛澤東思想」。這個詞中文英文都不順口，表明了一定程度的克制，亦即故作謙虛，不敢說毛澤東已經開宗立派，創造了一種可與馬克思主義或列寧主義分庭抗禮的「主義」。這一種較比生硬的措辭，意思是毛澤東並未另闢蹊徑，僅僅是繼承並發揚了馬克思主義和列寧主義。話又說回來，大家也不能把這種做法看得太過謙遜，因為文革期間，人們日復一日地頌揚「毛澤東思想」，將它比擬為一顆「精神原子彈」。

毛崇拜的管理運作，締造了一個獨特的政治世界。林彪就曾經操縱毛澤東的形象，藉此鞏固他自己

的政治權力。舉例來說，毛澤東的許多雕像都附有林彪題寫的銅鑄銘文，歌頌毛澤東這位「偉大的導師，偉大的領袖，偉大的統帥，偉大的舵手」。身死名裂之後，林彪不再有資格分享主席先生的榮光，他題寫的銘文便紛紛遭到剷除。隨着文革轉入相對保守的階段，「毛澤東思想」也因時而化，以便適應不再像先前那麼叛逆的政治需求。毛澤東的著作內容豐富，儲備着各式各樣的彈藥，既可以用來支持年輕的造反派，也可以用來維護官僚統治集團的合法性。

上世紀七十年代，毛崇拜隨着毛派的特技表演能力一同衰退。毛澤東的健康日益惡化，言辭也越來越玄奧費解，與其說使人精神振奮，不如說使人一頭霧水。一九七五年發生了一場品評《水滸傳》的運動，這部古典小說寫於五百年前，主角是一幫農民盜匪。事情的由頭是毛澤東隨口評論了一下《水滸傳》，說這本書好就好在揭露了「投降派」的一個反面典型。各報社論紛紛引用了毛澤東的說法，全國各地的知識分子還沒有從文革初年的震撼當中緩過神來，這時便開始對這部小說進行穿鑿附會的分析，希望能找到相關的線索，弄清書中的那些農民造反派，分別代表現今的哪個政客。毛澤東並沒有老年癡呆，只不過患了白內障，看書的時候比較費勁，他這番關於《水滸傳》的評論，聽眾僅僅是奉命為他朗讀書籍的一名年輕學者。儘管如此，文革極左分子還是抓住並利用了

他的評論，雖然說利用的手法很不高明。

　　一九七六年的唐山大地震奪去了超過二十五萬人的生命，鑄成了另一種類型的計劃外轟動事件。有的人覺得這是一個凶兆，也有人覺得這是一場自然災難，只不過看起來不吉利而已。是凶兆也好，是災難也好，總而言之，「深入批鄧、抗震救災」之類的口號既不能控制這個驚人的事件，也不能把它掩蓋起來。

造反

　　中國領袖們的舞臺表演再怎麼高明，我們也不能想當然地以為，毛澤東振臂一呼，便可以憑空發動文化大革命。文革釋放出來的，是人們從一九四九年開始積攢的怨恨。長期存在的緊張關係使政治精英階層陷於分裂，針對中國該如何處理革命遺產和經濟發展包袱的問題，不同的派別各執一詞。其他國民往往只能間接覺察這種緊張氣氛，但也不是完全感覺不到。政治緊張一旦與人口統計因素發生相互作用，造成的社會影響便加速膨脹。和平與繁榮使中國年輕人的數量急劇增長，學校教育又得到了迅速的普及，意味着有大量的年輕人受過教育，都想幹非農業的好工作。然而，一九四九年革命送上臺的是一幫相對年輕的領袖，他們中的大多數依然在位，封殺了年輕一代的晉升機會。與此同時，由於教師們在一九五七年反右運

動中戴上了「右派」的帽子，受到了鬥爭的衝擊，大中小學都擠滿了總體上心懷不滿的失意之人。

既是如此，文革肇端之時，動員年輕人對毛派來說可謂易如反掌。中國的大多數城市青年都參與了這場運動，高中生佔了紅衛兵的絕大部分。今日中國的城市居民，只要屬於某個特定的年齡段，文革期間幾乎肯定當過紅衛兵；一九五〇年出生的人，多半是十六歲的紅衛兵。他們並非由政府組織，而是自發地站了出來。毛派則順水推舟，給他們提供政治上的保護，進一步加快了運動蔓延的速度。

紅衛兵的標誌性武器之一是「大字報」，一種在公共牆壁上張貼的政治檄文，大小跟海報差不多。大字報的內容可以是攻訐，可以是煽動，可以是宣告，還可以是對鬥爭目標往日政治劣跡的揭露。撰寫大字報的時候，紅衛兵常常會向黨內的極左盟友索取機密的文件和情報。毛澤東也親自撰寫了一張題為「炮打司令部」的大字報，藉此強調他全力支持新生的紅衛兵運動。沒過多久，社會上又出現了與大字報同氣連枝的紅衛兵報紙和雜誌，裏面充斥著揭批文章，思想依然保守的黨媒對它們無可奈何。紅衛兵報刊披露的消息大體上是準確的，使用了高層會議的記錄，並且大量引用從黨的文件裏竊取的講話內容。這些消息往往是斷章取義，要不就附上了盡可能惡毒的解釋，但卻並不是胡編亂造。

紅衛兵參與文革是一種政治行為，但也是青春叛逆的一種表現形式，使他們有可能獲得一些本屬禁臠的體驗。一九六六年秋，為了方便紅衛兵「交流革命經驗」，中國的鐵道部門允許這些年輕人免費乘車。多虧了這樣的「革命串聯」，年輕人才有機會破天荒地出外旅行，以革命的名義探訪遙遠的城市。剛開始，他們滿懷青春的狂喜，還用硬梆梆的軍事化語言給自己打氣，共青團此時已經解散，曾經的團員便為自己打造了「紅旗戰鬥小組」和「五一六紅衛兵團」之類的新身份。有時候，這一類大得嚇人的名頭，背後只是一小群志同道合的體育愛好者，或者是無線電發燒友。小說《紅樓夢》當中有一句毛澤東很喜歡的話，紅衛兵也用它來給自己壯膽：「捨得一身剮，敢把皇帝拉下馬。」

　　文革初期的一部分無意義暴力行為，之所以能夠橫行無忌，是因為當時的國家似乎已經被交到了高中生幫派的手裏，誰也不敢去阻攔他們，怕的是惹上反革命的嫌疑。一九六六年八月和九月，紅衛兵大搞各種破壞活動，其中包括一場針對假想階級敵人的粗暴搜查。北京的紅衛兵洗劫了超過十萬戶人家，查抄所謂的反動資料，還把知識分子和一些與現政權有過衝突的人揪了出來，強迫他們低頭認罪。一些紅衛兵用皮帶扣抽打批鬥對象，用滾開水實施慘無人道的酷刑。僅在北京一地，便有一千七百人死於非命。天津

市委書記、東海艦隊司令員和煤炭工業部部長都被批鬥致死，還有一些人在遭受紅衛兵批鬥之後含恨自殺，釀成震驚社會的惡性事件，比如著名小說家老舍之死。遭到清洗的共產黨元老，成為了各種儀式性批鬥會競相追逐的目標，革命群眾紛紛把握機會，發洩他們對失勢領導人的怨恨。副總理兼國家經濟委員會主任薄一波先後被揪鬥了一百多次，他的妻子承受不了這樣的壓力，於是自殺身亡。另一方面，紅衛兵的數目以百萬計，其中的大多數並不暴力，不少人還發出了反對暴力的呼籲，只不過時或適得其反而已。

紅衛兵運動既然大包大攬，收編了幾乎所有的年輕人，發生嚴重的內部分化，便不過是題中應有之義。每個人都自稱「革命派」，連那些受衝擊官員的子女也不例外。於是乎，臭名昭著的北京紅衛兵組織「聯合行動委員會」開始宣揚「血統論」，聲稱工人、貧農和革命幹部的子女必然是天生的革命派，資本家和地主的子女則永遠不可能擺脫出身帶來的污點。血統論把人們的注意力轉向那些業已滅亡的革命敵人，巧妙地規避了毛澤東關於打倒黨內「走資派」的號召。這種論調雖然遭到了官方的壓制，拿弱勢者當替罪羊的風氣卻繼續大行其道。對一部分中國年輕人來說，這意味着跟自己的家庭成員「劃清界限」，因為他們階級成份不好，或者是政治歷史複雜（比如說在臺灣有個遠親，或者參加過國民黨軍隊）。對幾乎所

有人來說，這意味着跟「黑五類」分子(地主、富農、反革命分子、壞分子和右派)保持距離，哪怕他們還沒有遭到批鬥。

紅衛兵運動轟轟烈烈，惜乎其壽不永。一九六六年的「紅八月」是紅衛兵最風光的時期，針對教師和官員的暴力凌虐大多發生在這個月份。毀壞文物古蹟和抄沒剝削階級家庭，同樣是文革初始階段才有的現象。文革初期的暴力狂飆雖然令人髮指，能量卻迅速耗盡，因為毛派當權者採取了行動，竭力控制這一類的公開批鬥。十年文革，絕不能理解為整整十年的毆打與謀殺。打砸搶風潮之後，儘管多數紅衛兵並未動手打人，少數暴力分子卻把怒火轉向了對立的紅衛兵幫派。紅衛兵或是自製武器，或是搶奪部隊的槍械，甚至攔截準備運往越南的蘇製軍火。一九六八年，文革的這一階段宣告終結。城市青年紛紛被當局遣送下鄉，「向貧下中農學習」去了。

紅衛兵並不是唯一的造反派，投身造反運動的還有大批的低級官員，以及許多對十七年政策心懷怨恨的人。臨時工當中的積極分子也利用文革來討取公道，要求獲得跟正式工一樣的福利待遇。他們的反抗雖然無疾而終，當局卻從中看到了工潮湧動的風險，暗自在心裏敲響了警鐘。再往後，毛派領導人對自己的學生盟軍大失所望，於是轉而扶植工人階級當中的造反派，認為後者在政治上比較可靠。

對於這些造反派的訴求，我們不應當簡單地歸結為激進民主主義(radical democracy)。他們不曾尋求西方式的程序民主，也不曾倡導精心設計的選舉制度，或者是保護個體人權的措施。文革期間的造反風潮是一場反專制運動，興許是中國就參與性民主開展過的最大規模試驗，但運動的目標並不是程序層面的民主，而是結果層面的民主。

懲戒

「政治掛帥」這句口號，既是引領造反的旗幟，也是懲戒造反的依據。紅衛兵的猖披暴力，大大超出了毛澤東的預計。事實證明，紅衛兵是一件不太好使的政治工具：年輕幼稚，無組織無紀律，用起來很難保證任何精度。

「上海人民公社」於一九六七年一月成立，效果顯著的一種奪權模式由此誕生。這次為期一個月的奪權行動旨在把全上海的無產階級團結起來，顯然是受了一八七一年巴黎公社的啟發。三名極左派政客通過這次奪權打下了政治基礎，分別是宣傳幹部張春橋、文藝評論家姚文元和工廠保衛幹事王洪文，三個人後來都和江青一起，被打成了所謂的「四人幫」。

不過，上海公社模式很快就讓位於另一種全國性的奪權模式，也就是「革命委員會」模式。革命委員

會由群眾組織、軍方代表和忠於文革的老幹部「三結合」而成，着實就團結問題下了一番功夫。軍方負責強力推進參與各方的談判協商，同時耐心地尋找可以調教的造反派團體，以及可以起用的老幹部，藉此組建新的毛派地方政府。儘管有軍方的參與，組建新政府仍然是一件艱辛費力的任務，因為事實證明，文革釋放了一些難以駕馭的社會力量，比如地方宗派勢力，以及無限膨脹的個人野心，或者是政治虛榮。在西藏的一個地區，地方聯合政府遭到了一名狂妄尼姑的衝擊，此人自稱是女神下凡，率領着一幫武裝信徒，而這些信徒手段毒辣，竟至於砍掉敵對派系成員的雙臂和雙腿。

軍隊開始一個省一個省地調停派系鬥爭，力圖恢復社會秩序。剛開始，軍隊希望保持中立，但暴力衝突和混亂狀況綿延不止，最終迫使它更深地介入地方行政事務。一九六七年夏天，武漢爆發了一場危機，軍隊介入的轉折點由此來臨。在當時的武漢，對立派系的武裝鬥爭發展到了內戰邊緣，北京派去的一名領導幹部試圖居間斡旋，結果是身遭綁架，靠空降部隊的營救才脫離了險境。大批年輕平民展開武裝火併的事件一再上演，軍隊不得不勉為其難出手干預。截至一九六八年夏，大多數省份都有了新組建的革命委員會。

文革剛剛爆發的時候，軍隊的參與可說是如履薄

圖4　紅衛兵運動遭到解散時的反派性海報 （White Lotus Gallery）這張
海報出現在派系林立的紅衛兵運動遭到解散之時，畫中的兩名理想化工
人正在發出斬釘截鐵的號召，要求人們通過學習毛澤東著作走向團結：
「打倒派性，斬斷黑手！無產階級革命派聯合起來！」

冰，作用僅限於武裝保衛核設施之類的軍事研發機構，以及各式各樣的文物古蹟，使之免受紅衛兵破壞分子的衝擊。等到紅衛兵開始攔截開往越南的列車，用車上搶來的軍火武裝自己，軍隊便不再自縛手腳。到一九六八年夏，軍隊的反應已經從耐心觀望轉變為鐵腕鎮壓，將那些不服管教的紅衛兵團體碾為齏粉。

　　文革期間最暴力的一幕，源頭並不是紅衛兵的獸性，而是毛派對自發性群眾組織的殘酷鎮壓。一九六七年下半年，針對莫須有的「五一六反革命陰謀集團」，中央文革小組組織了一次清查運動。這次清查導致一批極左派頭面人物遭到逮捕，罪名則是參與一場子虛烏有的陰謀活動。清查運動逐步蔓延到省市層面，導致數以百萬計的人受到審查，數以萬計的人慘遭殺害。與五一六清查運動相關的是一九六七至一九六九年間的「清理階級隊伍」運動，後一場運動翻查人們的政治史和家族史，竭力尋找政治罪行的蛛絲馬跡，害死的人比前一場運動還要多。運動期間，你要是有什麼海外關係，或者有姊妹嫁到了資本家成份的人家，便會面臨滅頂之災。這樣的刻毒手段，在一定程度上可以說明，當時中國的政治新貴手中的權柄岌岌可危，急於打壓威脅自身新地位的潛在對手。為了鞏固自身的權力，新成立的革命委員會着手遏止群眾政治，首當其衝的便是那些敢於挑戰其合法性的群眾組織。大量的暴力事件發生在郊區或農業縣份，

因此便不像文革初期的紅衛兵暴行那麼顯眼。舉例來說，香港市民在珠江口看見了一些從上游漂下來的浮屍，卻不知其來何自。話又說回來，在許多觀察人士的心目當中，針對極左分子的暴力，或許並沒有針對知識分子和幹部的暴力那麼值得留意。

大多數人所受的懲戒，相對來說不那麼暴力。政治學習變得高度形式化，所有人都必須背誦各種政治教條，參加小組討論，還得用日記記錄自己的思想進步，交給大家閱讀品評。諸如此類的做法，都是建基於批評與自我批評的政治風習，這是一種久經考驗的慣例，要求大家發表儀式性的自白，承認自己的政治缺點。批評與自我批評同樣變成了一種表演藝術，但卻與儒家先例一脈相承，體現便是它漠視內心的真實想法，一味注重外在的行為。

人脈護身符

參與文革的所有派系都打着毛澤東的旗號，團結一心的假象由此產生，掩蓋了派系鬥爭風起雲湧、前途命運詭譎莫測的現實。投機分子極力尋找登雲良機，其他人由此禍從天降，政治背景存在問題的國民，紛紛成為了迫害的對象。

常態化的體制既已瓦解，各階層的國民不得不日益托庇於人際網絡。事實上，一切政治都離不開以親

戚關係、同鄉之誼、教育水平或工作經歷為基礎的網絡。長期以來，此類網絡一直在中國扮演着格外重要的角色，哪怕政府三令五申，要用永不腐蝕的「客觀」標準來取代它們。文革不信任常態化的制度安排，使得它提出的普世主義口號無處落腳，或許是由於這個原因，私人關係漸漸佔據了主導地位。

林彪事件造成的震撼，以及毛澤東日益惡化的健康狀況，進一步加劇了黨內高層拉幫結派的習氣。即使私人關係並沒有發揮作用，大多數中國人仍然會認定它功不可沒，仍然會拿它來解釋地方或全國的政治格局，把最為正常的形勢變化歸結為誰跟誰好。比如說，江青和黨的公安一把手康生都出生在山東省，而且是同一個縣，這一層老鄉關係的重要性，會不會有勝於任何一種共同的政治立場？許多中國人會認為的確如此，並且會說，這一層關係就算沒起到更大的作用，至少也為他倆的意識形態聯盟提供了一個較比牢固的根基。

中國的普通民眾，同樣熱衷於尋求個人安全保障。林彪之死催生了玩世利己的新風尚，使得這一類的活動變本加厲。禮品和賄賂取代了政治熱情，或者與嘴皮子上的政治熱情相結合，變成了走通「後門」的普遍手段，「後門」則可以帶來從好房子到特殊醫療服務的各種好處，還可以讓下了鄉的城鎮孩子脫離農業勞動，順利回到城裏。

就連鐵桿毛派也覺得，政治已經變成了燙手的山芋。恐慌驅使之下，復仇的主題隱隱浮現。在那個西方文藝乏人問津的年代，大仲馬一八四四年寫的復仇小說《基度山恩仇記》卻風靡一時，在社會各階層廣泛流傳。事實上，中譯本書名裏的「恩仇記」三字使得這本書別具魅力，格外吸引當時的中國讀者，因為他們希望在險惡多變的公共空間裏找到安全。書中的主人公愛德蒙‧唐泰斯（Edmond Dantès）自己為自己主持公道，辛辣地嘲諷了這樣一種觀念，亦即西方的法律體系在道德上優於東方的人際關係網。

　　江青或許是個難以駕馭的野心家，毛澤東卻依然把她倚為膀臂，因為他對私人圈子之外的任何人都沒有百分之百的信任。她縱有千般不是，終究對他忠心耿耿，正像她在受審時所說的那樣，「我所做的一切事情，都是毛主席叫我做的。我是毛主席的一條狗，他叫我咬誰我就咬誰。」進入七十年代之後，毛澤東還倚重他的侄子毛遠新，把後者送進了工業大省遼寧的領導班子。

　　文革結束之時，慣常的政治規矩已經遭受了一輪又一輪的衝擊，在毛澤東死後策動政變的一干人等，之所以採取了斷然的行動，主要的動機固然是除掉政治對手，但也是受了恐慌的驅使。他們雖然掌握了政治局的多數席位，卻還是害怕中央委員會的多數成員不支持他們，在對決之時倒向江青和她的盟友。為了

證明自己師出有名，這些陰謀分子拋出了一個結黨營私的團伙，也就是所謂的「四人幫」，但這種說法缺少現實依據，多少有點兒經不起推敲。這四個人算不上什麼幫派，王洪文要跟華國鋒爭當毛澤東接班人的時候，另外三個甚至沒有表示支持。儘管如此，很少有人不樂意看到飛揚跋扈的江青遭到清除，於是乎，這四個人就和林彪手下的將軍們一起，成為了用來示眾的文革替罪羊。

第三章
文化：「破舊立新」

　　毛派認為文藝戰線的文化革命勢在必行，為的是什麼原因？共產黨於一九四九年奪得政權，繼而掌控經濟命脈，但工人階級並沒有因此獲得真正的權力。面對引人入勝卻腐蝕人心的中國封建文化和資產階級舶來文化，原本立場堅定的老革命已經軟化動搖。有鑑於此，毛派開出的處方是一方面打壓前述種種「糖衣砲彈」，一方面培育一種朝氣蓬勃的新文藝，從形式到內容都必須真正服務於無產階級。

　　文革前夕，毛澤東痛斥文化部，說它已經變成了「帝王將相才子佳人部」和「外國死人部」。這樣一來，紅衛兵自然把中國文化遺產的「死人乾屍」當成了首要的攻擊目標，一窩蜂地闖進私家住宅，去搜查封建主義或資產階級流毒的蛛絲馬跡。文革分為紅衛兵肆虐的初始階段，以及為時較長、以管控和鞏固為特徵的後續階段，兩個階段的文藝政策有所不同。後一個階段的政策成功地遏制了傳統及外國文藝的影響，但要說以新作品取而代之，成果卻遠沒有那麼顯著。毛夫人江青主持創作了一批革命樣板戲，以京劇

現代化、兩性平等和頌揚武力為賣點，確實贏得了一大批觀眾。

破四舊

破壞文物的兇手幾乎都是紅衛兵，他們的打砸狂潮發生在一九六六年八月中至九月末。年輕人爭先恐後地破除「四舊」（舊思想、舊文化、舊風俗、舊習慣），所謂四舊則涵蓋中國前現代傳統社會的各種象徵符號，比如宣揚儒學精英主義的文藝作品。在那個舊社會尚未淡出眾人記憶的年代，這些東西被一刀切地斥為「封建」，其有形代表不僅包括卷軸畫和線裝書，還包括裹了小腳的老太太。毛澤東文革號召引發的這種審美層面的響應，之所以如此暴烈野蠻，最好的解釋也許是年輕人普遍愚昧無知，愛出風頭，心裏又懷着一種模糊的焦慮，擔心反革命分子妄圖復辟。

紅衛兵對他們認定的革命敵人實行抄家，北京一地就有超過十萬戶人家罹此橫禍。抄家的消息流傳開來之後，許多市民都未雨綢繆，提前銷毀了一些有可能構成罪證的財物。紅衛兵並不中飽私囊，因為他們的動力不是貪慾，而是純粹的革命激情。如果抄到了什麼價值顯然不菲的東西，他們就會上交政府。但他們雖然不是竊匪，同時也不是藝術鑑賞家，一旦對某件物品心存疑問，他們的選擇通常是扯爛了事，或者

是付之一炬。政治上有問題的書籍，通通被化成了紙漿。這些年輕的造反派大肆破壞全民族的珍寶，造成的損失無法估量，與此同時，包括家譜、繪畫、書籍、唱片和神像在內的許多私人物品，也在抄家風潮裏永遠地失去了影踪。

許多紅衛兵既不贊成也不參與查抄「黑五類」人家的行動，還有許多對凌虐教師和學校幹部的行為深惡痛絕。政府多次出手干預，以便保護重要的文物古蹟。周恩來總理在一些重要文化遺址部署了衛兵，就連陳伯達和戚本禹這樣的左派領導人也曾經幫助遏制破壞活動。在一些事例當中，當地民眾採取了行動來保護歷史珍寶，比如山東曲阜的孔子故里。中央音樂學院的師生藏起了該校收藏的唱片，許多家庭也發明了各種隱匿貴重物品的巧妙方法。

毀書記實

張樺

我，一位可算是嗜書成癖的教師，卻一度參與毀書的壯舉。這種歷史的錯位，我無法作出邏輯的解釋。

時間是一九六六年的盛夏，地點是我所在的造紙廠。那會兒我已被掃地出校，被勒令到蒸球工段勞動。一天上夜班，電閃雷鳴，大雨如注。我走進工

廠，不聽見草料行車的轉動；百餘平米的場面上，卻堆滿了散亂的書，洋裝的，線裝的，平裝的。我走近書堆，瞥見一摞線裝書斜臥着。最上面那本，赫然是我嚮往已久的《杜少陵集》。我俯身翻了翻，下面有《史記》，有《昭明文選》，有《玉台新詠》，有《東坡樂府》。……

組長召開班前會，念了語錄，交代任務：「上面說了，這些是四舊，全是封資修，抄家送來的，廢物利用，回爐製漿……用不完交下班。」

我一時沒反應過來，邵師傅捅我一下，「去一號球，把那厚書扯碎。」我遲疑着，走到一號球口邊，蹲下身子，只見一本本厚厚的《英漢字典》、《俄漢詞典》、《高等數學》，還有我不識名的外文書。我翻着書頁，不忍下手。一抬頭，只見丁、江師傅正麻利地扯着書頁，用小刀割開硬書面，粉碎的書頁一迭迭飛進蒸球大口，就像草料行車餵料那樣坦然。見我磨磨蹭蹭，催着我說：「怎搞的？快！」

我顫抖着雙手，撕扯那些書頁。只覺一陣陣絞痛，像是撕扯着我的心口。我尋思着，想偷偷地把那《杜少陵集》打下埋伏；又害怕戴紅袖章的突然襲擊，不敢貿然行事。久久，我麻木地撕扯着，撕扯着，把扯碎的書片踢入蒸球口。我確切地目睹近兩噸的書變成黃黃的紙漿，被傳送帶送到打漿工段。

從破四舊開始，聽說單我們一個廠便有十幾卡車的書送來回爐。不分青紅皂白，全被蒸球給吞噬了！

毀書，中外歷史不乏先例。但秦始皇不焚農書和醫書，希特勒只焚「非德國思想」和關於性的書（魯迅《華德焚書異同論》）：都是有選擇的焚。論其焚的規模和氣魄，顯然不如我們的焚書——除紅書外，一切都可加之四舊惡名而入應毀之列。而且比起我們毀書的方式——講究廢物利用——來，前者也大為遜色。誰能説主其事者比此前的焚書者更野蠻？

節錄自一九八九年四月十八日《福州晚報》

與四舊同罹文革羅網的是資產階級文藝的各種象徵，其中包括進口的書籍和音樂製品，以及一九一一至一九四九年間的現代中國文藝作品。受到蘇東集團影響的文藝作品，則戴上了修正主義的帽子。文革的群眾動員階段從一開始就定下了民族主義的調子，助長了從未遠離中國社會表層的排外主義情緒。東北城市哈爾濱的紅衛兵不辭勞苦，拆毀了一整座木結構的東正教堂，因為它是俄國影響的遺跡。

紅衛兵騷擾髮型不夠保守樸素的市民，有時還在大街上強行提供理髮服務，改造路人的「資產階級」髮式。他們拒斥尖頭鞋、緊腿褲、香水、寵物、賭博、珠寶和色情笑話，以及帶有賭博性質的各色遊

戲。厚實耐磨的軍大衣取代香港裁縫的手藝，成為了新的時尚標竿。除此而外，紅衛兵還更改街道的名字，蘇聯大使館由此座落在了「反修路」，外交部所在的街道也有了「反帝路」的新名。周恩來總理使出全部的外交手腕，這才阻止了紅色交通燈脫胎換骨，從禁行標誌變成表示「通行」的革命訊號。道路改名，人也紛紛改名，為的是去除名字裏的封建氣息。新生兒的名字無不洋溢着耀武揚威的革命精神，要「紅英」不要「寶玉」。

破四舊運動雖然為時短暫，但卻與一些最為聲名狼藉的暴力行為密切相關。這一來，人們不僅要求紅衛兵為自作之孽負責，還把以前的一些文物毀損算到了他們頭上，讓他們去給另一些破壞分子頂缸，比如上世紀二十年代的國民黨激進分子，以及帝國主義時期的西方藝術竊匪。舉例來說，北京的著名遺址圓明園本來是英法聯軍在一八六〇年燒毀的，外國遊客卻時常產生誤會，認為這是紅衛兵幹的好事。

破四舊運動如火如荼之際，革命文藝也迎來了一個創作高潮，創作主力則是來自音樂美術學院的學生紅衛兵。儘管熱情重於水平，大字報通常還是力求美觀，由學生中的頂尖書法家執筆書寫，為的是增加對讀者的吸引力。

中央政府擔心紅衛兵的活動失去控制，於是試圖限制自發的街頭表演，結果卻只是煽起了觀眾的熱

情。一九六六年十二月四日，周恩來接見了幾個文藝單位的造反派，聲稱毛澤東對他講過，北京人那麼多，街頭宣傳很不好辦，甚至會不安全。周恩來信誓旦旦地告訴這些紅衛兵，如果讓市政府來組織這種大型的宣傳表演，對大家都比較好。一九六七年二月，打算加緊控制的中央政府發佈命令，要求年輕的文藝團體工作人員「一律停止外出串聯」。到外地串聯的文藝工作者必須盡快回到本單位，創作為工農兵服務的革命文藝作品。

對於蔓延全國的破四舊和抄家狂潮，毛澤東和其他的文革領導人並不滿意，因為這些行動轉移了人們的注意力，漏過了他們的主要目標，也就是當權的「資產階級代理人」。事實上，共產黨高層許多成員的文化品味，必定會使眾多紅衛兵大失所望。毛澤東喜歡傳統戲劇和古典小說，具備書法素養，還跟其他一些老革命吟詩唱酬。他的政治對手，主管經濟工作的陳雲，則是蘇州評彈的忠實擁躉。黨的公安一把手康生，更是一位畫菊的名家。

毛澤東要的是正經八百的中國文化大轉向，而不是反對穿尖頭鞋拉小提琴的鬥爭。一九六三年，他抱怨革命中國的文藝事業投入不少，成效卻太過有限：「許多共產黨人熱心提倡封建主義和資本主義的藝術，卻不提倡社會主義藝術，豈非咄咄怪事？」

江青與樣板戲

毛澤東把促進社會主義藝術的重任交給了他的妻子，曾經當過演員的江青便遵命行事，主持創作了一系列的樣板戲。關於她在這件事情當中的角色，最貼切的理解是她擔當了某種類型的出品人，跟一群經驗豐富的歌唱家、舞蹈家和作曲家合作，其中包括當時的文化部長于會泳。這些作品順應了由來已久的京劇現代化潮流，有選擇地納入了交響樂團和芭蕾舞之類的西方元素，只不過目的不是提供娛樂，而是為革命服務。江青為自己的新製作洋洋自得，但卻不容忍任何競爭。她這項工作雖然開始於文革之前，但卻到平民左派遭到清洗、群眾動員宣告終結之時才佔據主導地位。一九六七年五月，文革運動正在強力遣散麾下紅衛兵的時候，江青向全國人民展示了總共八個的第一批樣板戲。

樣板戲出籠之前，社會上業已存在其他類型的戲劇，有一些只是用於街頭表演，也有一些服務於更為宏大的圖謀，比如在武漢上演的音樂劇《炮打走資本主義道路的當權派王匡》。惡名更為昭彰的一部劇作是在天津上演的《新時代的狂人》，該劇講述的是陳里寧的故事，此人在文革前被當局送進了精神病院，因為他在筆記中批評劉少奇的著作。劉少奇倒臺以後，陳里寧重獲自由，並且得到了獲釋政治犯

的禮遇。中央文革小組的王力和戚本禹對《新時代的狂人》表示了支持，但在針對文革極左分子的清洗愈演愈烈之時，人們發現陳里寧不僅批評劉少奇，還寫有批評毛澤東的筆記。江青於是宣佈，陳里寧不是什麼英雄，連瘋子也不是，而是一名反革命分子。這部戲漸漸蒙上莫須有的罪名，跟「五一六反革命陰謀集團」扯在了一起，後者是一個並不存在的反毛組織，之所以被人捏造出來，正是為了扳倒戚本禹和王力之類正在躥升的極左政客。

江青百般呵護她精心制訂的文藝規劃，不光對任何競爭心懷妒恨，還對紅衛兵的自發創作極度敏感。趁着紅衛兵運動走到盡頭的機會，她出手遏止這場運動衍生的極端排外主義，由此保護了兩種舶來的藝術形式，亦即被紅衛兵斥為資產階級藝術的油畫和鋼琴。按照江青的看法，這兩種西方的藝術，都為革新中國藝術提供了新的可能性。她雖然樂於看到藝術家和藝術愛好者個人的藝術遭受劫難，卻不願任由粗鄙無識的紅衛兵剝奪她的樂趣，阻撓她欣賞油畫的濃艷色彩，以及西方音樂的華美音色。一九六八年見證了兩場姊妹運動，致敬對象是兩項新的革命成就，一項是油畫《毛主席去安源》，另一項是樣板戲《紅燈記》的鋼琴伴唱版。兩項新的成就，成就了兩位新的青年藝術家。在畫家劉春華的筆下，有似聖人的青年毛澤東正在趕路，準備去領導一九二四年的一場煤礦

工人大罷工。他這幅畫印了九億張，貼滿了全中國的各個角落。鋼琴家殷承宗曾在莫斯科的柴可夫斯基國際鋼琴大賽中獲獎，這次又為江青最受歡迎的樣板戲之一譜寫了鋼琴伴奏。原裝進口的西方繪畫和音樂，文革期間一直飽受非議。不過，誰也不會反對借用西方藝術的基本創作手法和材料，畢竟它們已經得到淨化，轉而為革命服務了。

《紅燈記》是第一批面世的八個樣板戲之一，八個當中有五個是以革命為主題的現代化京劇，故事現代，伴奏和表演也現代。剩下三個有兩個是芭蕾舞劇，一個是交響音樂，兩樣都是剛剛傳入中國的西洋藝術形式，儘管江青刻意淡化了它們的外國淵源。

這些樣板戲極其流行，全國各地都在演。舉例來說，芭蕾舞劇《白毛女》的主角是一個年輕的農家女，為躲避地主的報復逃進深山，痛苦使得她頭髮盡白，以至於被村民們誤認為鬼魂。那個地主在革命中滅亡之後，她才終於回到了家鄉。這部舞劇固然是革命主題，但也包含着女權主義的成份，雖然說女權並不是文革的語彙。《白毛女》的音樂帶有明白無誤的中國風格，樂譜卻是為西洋交響樂團的樂器準備的。

不同於傳統的中國戲劇，樣板戲的音樂更加響亮，不再由傳統的小型弦樂隊伴奏。不過，更大的不同還是這些新戲的內容。傳統戲劇主要取材於古代傳

奇的勸善故事，新戲卻以當前為背景，鋪陳的是革命年代的教訓。

極左分子之所以把表演藝術作為創新的突破口，原因是文學被他們的政治對手控制得比較死，儘管文學歷來是中國最接近權力的藝術形式。到劇場裏去奪權，一方面是相對而言輕而易舉，另一方面，江青本人的從影經歷給了她面對舞臺的自信，這是她面對其他藝術時找不到的感覺。除此而外，中國戲劇的受眾範圍遠比文學廣泛，因此更適合用來推進民粹主義的變革。最後，戲劇生來就有樹立樣板的功用，業餘版和電影版的戲劇也不例外，這方面的效能令小説和詩歌難以企及。選定表演藝術之後，文革時期的文藝立刻找到了活力和政治方向。

江青的另一些審美選擇，則完全是她的個人口味。她不喜歡民歌，曾經拒絕把一些廣受歡迎的曲調納入她的製作。她還對演奏交響樂的樂器進行了一次系統性的審定，結論是大號令人厭惡，不配在她的節目裏佔據一席之地。她推出的複合藝術雅俗共賞，與借文化推動中國走向現代的五四傳統一脈相承。

文革美學

文革一邊倡導極左的新文藝，一邊又利用了一些源遠流長的傳統，這種兩面派的手法，意義比江青的

個人怪癖更為重大。「為藝術而藝術」的原則，從未在中國佔據主導地位。西方人往往相信，藝術應該使人精神超拔，閱讀托爾斯泰的《戰爭與和平》，或是觀瞻《米洛的維納斯》，有助於塑造溫文爾雅的性情。這是一種人本主義的期望，亦即藝術可以提供幫助，使我們能夠理解人類處境的基本真相。除此而外，意在說教的藝術，比如哥雅（Francisco Goya）筆下的拿破崙戰爭恐怖場景，或者愛森斯坦（Sergei Eisenstein）反映俄國革命的電影，在西方傳統中所佔的地位相對次要。反觀中國，文以載道是一個重要的傳統。政治信念各不相同的文藝工作者，無論是拿錢辦事的宣傳幹部，抑或是非議政權的異見人士，全都會理所當然地認為，藝術應該批評公共生活。藝術不一定非得包含政治內容，但大多數藝術家都會同意，藝術應當勸善懲惡。實際上，如果藝術家轉向內心，探討個人的玄思冥想，照樣會被一些人看成一種政治姿態。

文革對商業的抨擊，也與金錢玷污藝術的傳統觀念不謀而合。事實上，中國的前現代藝術世界在很大程度上與商業密不可分，但商業活動往往披着禮物的偽裝，要不就沒有留下記錄，使大家可以視而不見，繼續維持藝術超越金錢的士人神話。文革鼓勵人們對業餘愛好者的崇拜，貶斥專業藝術家的精英主義作風。極左分子異想天開地認為，工農兵都可以變身為

藝術家和演藝人員，他們的參與可以催生新的革命文化。但在現實當中，江青卻堅持她的高標準嚴要求，暗地裏請了專業人員來當業餘藝術家的老師，只不過進行了精心的掩蓋，沒讓這些小動作進入公眾的視線。

毛派行動主義雖然以業餘為本，但卻並不打算把文藝變成娛樂消遣。文藝事關重大，容不得這樣的修正主義態度。文革時期的文藝呈現出張牙舞爪的功利傾向，沒有給夢幻特質留下什麼空間。文革運動懷有如此極端的烏托邦理想，文藝作品卻不包含任何夢幻特質，無疑是一件令人驚愕的事情。另一方面，文藝雖不為樂趣存在，樂趣依然不請自來，尤其是在文娛活動嚴重匱缺的農村地區。人們又是看戲又是演戲，一個個樂在其中，許多人都欣然接受了戲裏那些黑白分明的說教。認真說來，文藝活動選擇無多，興許增強了人們的愉悅體驗。但是，另一些人卻始終為合法藝術的狹窄邊界苦惱不已。不過是欣賞一幅金魚國畫，怎麼就成了反革命？

文革對中國的傳統美學毫不留情，後者往往遊戲於精美裝飾和複雜內涵之間，熱衷於炫示行雲流水的高超技巧。文革藝術具有太強的清教徒特質，承載不了什麼遊戲意味。傳統手工藝的遭遇，便是這方面一個尤為突出的例子。革命消滅了購買漆器、景泰藍、牙雕和玉器的富裕藏家，本已使傳統手工藝陷入岌岌可危的處境，文革又雪上加霜，屬禁諸如「貴妃醉

酒」、「將相和」、「八仙過海」、「大肚羅漢」之類的產品。著名的景德鎮陶瓷廠接受教訓，開始生產（眾人趨之若鶩的）毛主席像章。北京的一家工廠則推出了一些新開發的革命雕像，其中包括樣板戲裏的各位明星人物、模範戰士雷鋒，以及獻身中國革命的加拿大人白求恩（Norman Bethune）。高超技巧依然綿延未絕，只不過投入了革命陣營。香港有一家國貨公司百貨商店，裏面陳列着一件牙雕，雕工以無比精妙逼真的手法，把象牙雕成了長征中的一次大規模戰鬥。微縮的紅軍戰士一邊扔手榴彈，一邊衝向敵軍，一直衝到了象牙的尖端。不過，這一類的革命奢侈品並沒有太大的市場。

對於賢君明主應該注重文治的舊中國理念，文革倒是沒怎麼攻訐駁斥，因為它可以為毛派重塑中國藝術的運動提供合法性。但是，這種理念也帶來了一些不和諧的聲音。考慮到眾多共產黨領袖的個人審美趣味，文革的僵硬美學教條難免顯得口是心非。傳統戲劇業已遭到禁演，毛澤東卻在私宅裏觀看一套專門為他拍攝的戲曲表演。級別較低的黨領導也可以看公眾不能看的外國電影，美其名曰「研究」。曾任紅軍總司令的朱德不怎麼熱心政治，靠看四十年代美國喜劇明星阿伯特（Abbott）和科斯特羅（Costello）的電影打發了文革十年。較比歹毒的是毛澤東的重要盟友康生，身為一名藝術行家，他精心挑選紅衛兵從資產階級原

主手裏抄來的東西，把數以千計的字畫、印章和書籍據為己有。

毛派文藝與厚古薄今的中國傳統背道而馳。傳統中國對往古黃金時代的憧憬，與西方期盼未來的進步理念形成了鮮明對比。毛派在這個方面繼承了五四餘緒，把古代中國的傳統視為封建意識的載體，對傳統留下的沉重包袱深惡痛絕。文革積極分子繼續推行文字改革，極力使漢字走向標準化和簡單化，為的是減小掃盲的障礙。

表演藝術受文人傳統的影響相對較小，毛派便抬高它的地位，藉此推翻了文學作為首要藝術形式的長期統治。文革推出的新星包括歌唱演員錢浩梁和舞蹈演員劉慶棠（兩人後來都當上了文化部副部長），以及鋼琴家殷承宗（中央樂團黨委副書記，作品包括廣受歡迎的鋼琴協奏曲《黃河》）。這一時期的當紅小說家是浩然，他寫的《金光大道》於一九七二年出版，年內就賣了四百萬冊。不過，浩然之所以異軍突起，是因為他沒有什麼文學同行。他是上世紀七十年代初期唯一一個拿得到版稅的作家，孤獨地享受着相當於部級幹部的物質待遇。

最後，文革時期的藝術還有一個值得注意的特點，那便是摒棄了傳統的性別歧視。許多文藝作品都着力刻劃了一位堅毅剛強的女主角，凸顯了這場運動竭力將女性納入領導階層的良苦用心。也許是勢所必

圖5 《收租院》 （White Lotus Gallery） 《收租院》群雕由一百個陶製雕像組成，描繪的是四川省的一個貪財地主，地主的幾個爪牙，以及一群受苦受難的農民。

然，看到《紅色娘子軍》裏的那些女戰士，看到《紅燈記》裏那個機智勇敢的李鐵梅，一些人的眼前，禁不住浮現了一幅幅意在奉承的江青肖像。

政治控制和對自發性的恐懼

形形色色的文藝革新，同時也是一種系統性的政治控制。這倒不是指針對個體的控制，因為個體似乎完全分得清楚，自己到底是在強打精神陪毛主席唱歌，還是確確實實心情不錯。這裏所説的政治控制，指的是文藝對全民普遍參與氛圍的強化作用。

文革是一個激進去中心化的時期，一部分乃因有意為之。當時的中國推行自力更生的經濟政策，因此需要減少人員和物資的流動，以免使脆弱的交通系統不堪負荷。另一方面，去中心化也是一個意料之外的結果，原因是黨的領導層遭受攻擊，整個國家的行政框架搖搖欲墜。與政治和經濟層面的離心趨勢相反，江青主導的文藝具有高度中心化的特性。

「樣板戲」之名脱胎於指稱試驗田的農業術語，點明了這種戲劇的試驗性質。樣板戲好比一塊高產稻田，必須在全國複製推廣，地方上沒有什麼擅作改動的空間。北京出版了一些書籍，鉅細靡遺地列明了每部戲的服裝設計、道具尺寸和舞臺動作。樣板戲遍地開花，好比到處都有的巨型毛澤東塑像，這些塑像一

模一樣，全部都舉着同一隻手，就像在指揮交通。樣板戲屬於江青情有獨鍾的京劇，最終還是有了地域性的改編版本，不過，哪怕樣板戲已經被改編為粵劇，或者是其他的地方戲曲，改編版與原版的差別依然小得驚人。儘管大多數中國人都在學校裏學會了以北京方言為基礎的官定普通話，各地方言依然在日常生活中廣泛應用。各地民眾喜聞樂見的地方藝術形式，比如地方戲曲，也與當地方言緊密相關。藉由包括電影在內的諸多媒介，樣板戲傳遍全國各地。數以百萬計的下鄉城市青年，紛紛唱起了樣板戲的選段，娛樂自己，也娛樂接待他們的農民。

尤其是在一九七一年林彪橫死之前，中國文化的軍事化潮流愈演愈烈，增強了文藝服務於全體國民的大眾意識。一九六五年，文革行將開始之時，軍隊接管了文化部。再往後，包括中央樂團在內，所有的文藝表演團體都會穿着軍裝登臺，以便尋求軍方的支持與保護。高度專業化的軍隊文工團，也在演出樣板戲之類的新作品。

毛派對文化的集中控制，使得黨中央可以粉飾太平，把中國打扮成一個比實際上團結的國家。文革從表面上消滅了民族和經濟差異，甚至消滅了兩性之別。中國人口眾多，疆域遼闊，帶來了林林總總的地方文化特色。這些特色往往被人籠統劃分為南北兩類，然而揆以現實，各省乃至各縣都有獨具藝術特色

的戲曲、評書、繪畫和手工藝品。早在文革之前，一些地域性文化偏好就已經遭到抑制乃至打壓。文革期間，由於行政管理的混亂狀況和經濟的去中心化態勢，為數眾多的地方特色再一次見諸實踐，然而，聒噪不止的文化潮流從北京滾滾湧來，轉移了人們的注意力。

江青推行的文藝革新強調中心控制，不怎麼注重自發性。她和她的同事力求創造一種獨特的文藝，既要具備鼓舞人心的外表，又不能弄假成真，再一次煽起群眾政治的風潮。這樣一件不可能完成的任務，後果之一便是文藝欠缺多樣性，新作品少得可憐，連鐵桿毛派都看不過去。江青的文藝生產隊由新任文化部長于會泳牽頭，始終無法以足夠快的速度提高產量，因此便逃不脫毛主席的冷嘲熱諷。

經常都有人說，文革推出的文藝作品只有江青的八個樣板戲，再沒有別的東西。這種說法固然誇張，卻也反映了當時文化匱缺的實際情況。這個時期的文化產品還包括其他一些革命戲劇，一首鋼琴協奏曲，一部交響樂，三組群雕，幾部芭蕾舞劇，一些話劇和電影，大概一百種小說、地方民謠和木偶劇，以及各種宣傳海報、繪畫和歌曲。除此而外，毛澤東的詩詞，古典小說《水滸傳》，以及批林批孔運動期間重印的古代法家著作，也可以算成文革期間的文化產品。如果能躋身政治特權階層，可供消遣的就還有外

圖6 軍樂隊在鄉間表演的海報 （White Lotus Gallery）「祖國的好山河
寸土不讓。」人民解放軍的樂隊在田野中演唱愛國歌曲。

國的電影和小説。儘管如此，這樣一個人口眾多的文明古國，在整整十年的時間裏供給國民的絕大多數文化產品，竟然可以用寥寥數語羅列出來，仍然是一件咄咄怪事。

多種因素拖慢了文藝創作的進度，江青本人的好大喜功便是其中之一。她那種頤指氣使、睚眥必報的性格提醒了所有的人，相較於創造藝術，還是控制藝術來得容易。

文革積極分子有一個發自肺腑的願望，想創造一種欣欣向榮、熱情洋溢的極左文化，用它來取代曾有的一切。與此同時，他們卻對群眾參與的潛在後果心存恐懼。一九七一年，張春橋敦促當局適當放鬆文藝監管，並且發出指示，發佈新歌無需報請中央政府審批。然而，到了一九七六年，文化部依然有一個專門審查新歌的辦公室，審查對象包括六百首批判鄧小平(當時剛剛被撤銷副總理職務)和「右傾翻案風」的歌曲。

對於藝術家的懲處，只會發生在藝術家的文章或畫作過了「線」之後。但是，相關的「線」很少有畫得清楚明白的時候，使得藝術家的恐懼有增無減。上級官員永遠小心翼翼，不光是因為他們也有自己的上級，還因為毛澤東思想不循常規，運作方法是慫恿憤怒的群眾採取強有力的行動，討伐意識形態領域的越界行為。社會上存在千百萬狂熱毛派的時候，這套辦

法的確行之有效，文革結束之後，審查的效率便隨人們的政治熱情一同降低。

發表作品的渠道少之又少，監控作家的創作便可謂易如反掌。到一九七三年，中國的報刊總數已經從一九六〇年的一千三百三十種銳減到區區五十種。一九六六年，黨政機構紛紛崩潰，它們贊助的媒體也與之偕亡。不過，打倒專業文藝團體和其他的知識分子，意味着文革積極分子從此喪失了前十七年發展起來的後援系統，只能夠自彈自唱。許多知識分子都幫過新政權的忙，但藝術家一旦灰心喪氣，便不會再有撰文作畫或編排舞蹈的興頭。

其他一些新舉措，比如說鼓勵農民畫畫，到文革後期才開始推行。這一類嘗試進展緩慢，部分原因是當局需要培訓新的農民藝術家，為此不得不啟用一些訓練有素卻思想落後的專業人員，面子上有點過不去。

關於樣板戲創作的一些條條框框，同樣構成了文化生產的障礙。刻劃反派的尺度很難拿捏，怕的是使地主老財、日本鬼子和當前社會「暗藏的階級敵人」顯得太過有趣。所謂的「三突出理論」給藝術家們定好了規矩：「在所有人物中突出正面人物；在正面人物中突出英雄人物；在英雄人物中突出主要英雄人物。」這套理論見諸實踐，意味着英雄人物永遠是舞台的焦點，渾身灑滿陽光，跟那些不計其數的毛澤東海報一樣。

一九七六年四月五日，悼念周恩來總理的抗議活動期間，文藝的自發性重新浮出水面。抗議活動發生在天安門廣場，許多人在祭奠周恩來的花圈之間張貼了詩作，其中有不少是對江青及其盟友的猛烈抨擊。就算是這些原本屬於自發創作的詩歌，仍然會讓讀者們油然感慨，文藝與政治的糾纏，已經變得多麼地難解難分，因為它們最終在毛澤東死後公開出版，變成了政府反文革運動的一個部分。

文藝工作的危險

老一輩的藝術家，還有他們的子女，往往變成文革的批鬥目標。他們中的許多人都出身於書香門第，一九四九年還對共產黨表示過支持。然而，一九五七年的反右運動，以及不久之後的文革，對他們造成了雙重的打擊，黨如果還想激發他們的熱情，利用他們的學問，便不像從前那麼容易。

文革期間，從事文藝工作的風險越來越大。到了一九六九年，黨開始文過飾非地批判「文化工作危險論」，說這是資產階級用來恐嚇工人階級和革命知識分子的歪理邪說，因為他們把文化視為自己的世襲領地。黨還說，文化戰線的鬥爭本來就特別複雜。對於誠惶誠恐的各位藝術家來說，這並不是什麼令人心安的訊息。

文藝工作究竟能帶來多大的麻煩？舉例來說，有個叫陳明遠的人，孩提時代結識了左翼劇作家及考古學家郭沫若，郭還教他寫詩。後來，陳明遠寄了一些詩請郭沫若指正。這些詩輾轉流傳，似乎跟郭沫若另一位筆友的詩混到了一起，那位筆友是毛澤東。一九六六年十月，紅衛兵油印了一部《未發表的毛主席詩詞》。這個集子收錄的二十四首詩詞當中，毛澤東寫的只有兩首，陳明遠寫的倒有十首。陳明遠時年二十四歲，在中科院聲學研究所搞科研，他聽到紅衛兵在中科院門外朗讀他自己寫的詩，便把事情的真相說了出來，結果被打成了「現行反革命」，因為他膽敢把主席的詩作記在自己名下。陳明遠鋃鐺入獄，一直被關到林彪倒臺。他獲釋之後，當局雖然允許他返回中科院，但卻到一九七八年才允許他恢復科研工作。沒有人敢去問毛澤東，這些詩到底是不是他寫的。

　　為了徹底躲開政治，許多人放棄了文藝事業。中國的兩位大作家，錢鍾書和沈從文，都在一九四九年封了筆。文革期間，很少有人能公然拒絕黨交辦的文藝任務，與此同時，很多人都發現，動作慢沒靈感不失為一種實際的選擇。大多數藝術家都是政府僱員，即使裝病偷懶，照樣可以從單位領到政府發放的薪水。小提琴家鄭相河選擇了置身事外，因為他的履歷裏只有音樂，政治方面沒有小辮子可抓。有個醫生幫

他開了張長期病假條，他先後住了四次院，把大量的時間用來教他的兩個孩子拉琴。

被當局打發到鄉下以後，許多書生氣的紅衛兵從文藝當中找到了慰藉。在很多村子裏，目不識丁的農民對教育充滿了崇敬，願意幫助這些年輕的知識分子，為他們提供練書法讀經典小說的便利。那個年代，經典小說的地下交換活動十分活躍。

另一些紅衛兵把文藝用作逃離農村的敲門磚，至不濟也靠它來逃離日復一日的田間勞作。當局希望壯大巡迴歌舞團的隊伍，具備音樂才華的年輕人由此得到了新的用武之地。類似的潮流也出現在了城市的工廠裏，工人音樂家和工人畫家得以免除日常工作，騰出時間去參加綵排和表演，以便激勵他們的工友更賣力地幹活。這一類的風尚，使得二手小提琴和手風琴的價格大幅飆升。

一九七六年毛澤東去世之時，江青及其盟友雖然身居高位，政治基礎卻十分薄弱。文化的力量再怎麼強大，短期內終歸看不到效果，到了各方攤牌對決的緊要關頭，它很少敵得過鋼廠或士兵。在此之前，鄧小平從心懷不滿的文藝界人士那裏蒐集了一些材料，拿這些東西充當論據，勸說毛澤東減少對江青的支持。

毛派文藝確實對中國文化構成了極大的挑戰，但相較於一個存亡絕續的簡單問題，這一類的文藝分歧

不過是細枝末節。除此而外，文藝分歧並不能簡單地歸結為共產黨和藝術家之間的對立。兩者一同跌倒，又一同捲土重來。文革一方面具有破壞性，一方面也具有重構性。文革的結束，並不保證文藝自由的到來。

回頭看去，文革延續並發展了影響依然巨大的激進現代化五四綱領，跟後者一樣拒斥「封建」意識留下的沉重包袱。另一方面，文革又摒棄了五四極端分子的全盤西化主張，培育了一種以西方技術為輔翼的中國民族主義。

舉目前瞻，文革製造了一群相當同質化的文化受眾，他們飽受各種說教的薰染，學會了排斥那些主要立足於地域、階級或民族身份的小圈子特殊趣味。這樣的受眾將會演變為一個商業化的大眾娛樂市場，繼續在現代化的旗幟下追求技術革新。更重要的是，文革對知識階層在政治生活中的特權地位造成了十分沉重的打擊，市場化的無情鐵鎚又進一步砸爛了知識階層的立腳根基。就連文革期間那種對於表演藝術的推崇，如今看來也像是一種全球性長期趨勢的一個組成部分，這種趨勢使得人本主義知識分子的角色日益渺小，先是受挫於政治的管控，繼而受挫於市場的漠視。

第四章
「自力更生」的經濟

　　「自力更生」是指導文革期間中國經濟的綱領性口號，一方面反映了當時中國在國際上的孤立地位，一方面也反映了毛派的經濟發展戰略，亦即盡量利用豐富的勞力，以此替代稀缺的資本。文革時期的中國經濟搞得比後毛澤東時代改革派願意承認的要好，只不過不符合常規的發展模式；中國人收入很低，識字率和預期壽命卻相當高，遠好於同等貧窮狀況下的通常結果。經濟層面的自力更生政策，與意識形態的艱苦樸素方針相輔相成，起到了抑制個人消費以增加公共投資的作用。剛開始，文革使得中國的經濟亂作一團，但在一九六八年之後，中國的各個城市逐步恢復了秩序，因為當局把千百萬紅衛兵趕到農村參加勞動，那裏依然生活着中國百分之八十的人口。儘管經濟發生了顯著的增長，城鄉差異依然是一個棘手的問題。文革是典型毛式經濟政策的謝幕表演，此後的中國走上了不同的道路。然而，毛派在基礎設施和人力資本方面的投入，為後毛澤東時代的經濟開放奠定了一個必不可少的基礎。

貧窮與經濟增長

當時的中國確實窮，按二〇一〇年的美元價值計算，中國一九七八年的人均收入只有八百五十九美元。不過，當時的社會相對平等。革命消滅了那些生活最為奢靡的階級，由此縮小了貧富差距。土改運動剝奪了農村地主的產業，支撐地主權力的宗法制度也遭到了極大的削弱。資本家在一九五六年的國有化運動中失去了對私有產業的控制權，儘管政府仍在為贖買產業時配給他們的私人股份支付股息。

文革進一步增強了這樣的平等主義情緒，紅衛兵對「資產階級」生活方式的攻擊，不過是已有政策的鞏固措施而已。小本生意遭到反復的打壓，消費品由此嚴重短缺，所有人同受其害。一九五二年，中國餐館與人口的比例是一比六百七十六，到了一九七八年，這個比例縮減為每八千一百八十九個人才擁有一家餐館。棉布、糧食、肉食、魚、食用油和雞蛋都要憑配給的票證才能購買，一方面弄得一部分人十分苦惱，一方面也抑制了囤積居奇，可以保證稀缺商品得到較為公平的分配。獲取商品和服務的捷徑不再是財富，由官階取而代之。不過，除了最高層領導才能享受的各種奢侈品之外，官員的特權並沒有太多的花樣。

體力勞動變成了無上光榮的事情，儘管這個國家

的士紳歷來喜歡蓄長指甲穿長袍，藉此炫耀自己不事生產的特權地位。為了使中國的貧窮顯得不那麼難以忍受，毛派大力開展「憶苦思甜」運動，讓老一輩的工人農民向集會上的年輕聽眾訴說，一九四九年以前，他們的生活是多麼地痛苦。

社會主義該怎麼搞，是搞成一個保障消費平等的框架，還是搞成一部帶動產量提高的引擎？兩全其美，歷來是一件很難辦到的事情。各國的社會主義政府花了九牛二虎之力來解決這個矛盾，至不濟也要把它掩蓋起來。毛派意識到，中國能實現的仍然只是平等的貧窮，於是就把個人的艱苦樸素作風標舉為一種理想的人格，好騰出資金來搞規模更大的公共投資。文革積極分子經常拿這些投資去打水漂，由他們把持的計劃經濟不理會服務產業的需求，容忍巨大的地區間差距，只允許生活水平得到緩慢的提高。

儘管如此，文革時期的經濟並不像人們時常批評的那樣，是一場徹頭徹尾的災難。中國的國內生產總值實現了將近百分之六的年均增長，雖然略低於人民共和國成立初期的水平，但也是一個說得過去的數字。有了後文革時期的高速增長作為對比，文革時期的數字才顯得黯淡無光。要想把這樣的增長數字解讀為一場災難，恐怕得花費不小的力氣。

相較於亞洲另外兩個貧窮大國的同期水平，中國在文革時期的經濟增長並沒有太多遜色之處。印度和

印度尼西亞跟中國一樣，需要使規模龐大的農業社會走向工業化，面臨着與中國相似的困難和限制。中國的增長速度雖然比印尼低一些，但卻是印度的將近兩倍。與此同時，三個國家的增長速度都比不上台灣、韓國、新加坡和香港。這四個國家和地區面積較小，增長迅速(百分之八至百分之九)，後來成為了所謂的亞洲「四小龍」，增長模式則是一面接收外國的援助和投資，一面向富裕國家出口消費品。「四小龍」實行靈活的威權統治，坐擁海港之利，輕鬆融入了日益興旺的國際市場，為西方消費者提供紡織、化工和電子產品。

中國在文革前、文革中、文革後的GDP增長率

1952–1965	6.85%
1966–1976	5.94%
1977–2009	9.63%

亞洲三大國一九六六至一九七六年間的GDP增長率

中國	5.94%
印度	2.95%
印尼	6.95%

　　文革頭兩年的亂局使得中國經濟停止增長，甚至還有所衰退。早在一九六六年九月，最高領導層就開

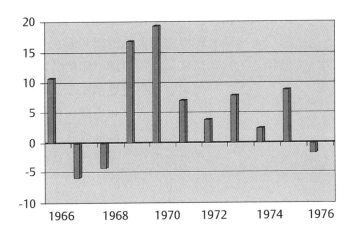

文革期間的GDP年增長率

始要求所有的人「抓革命，促生產」，試圖阻止造反派擾亂經濟運行。到了一九六八年，當局更是一邊遣散紅衛兵，一邊高喊「工人階級必須領導一切」的口號。之後兩年，隨着黨重新確立領導權威，中國經濟迎來了格外顯著的增長。文革餘下幾年的經濟增長時快時慢，總體說來則速度中等，只有一九七六年是個例外，因為那一年的政治動盪不寧，再一次造成了產量下降的惡果。

烏托邦主義與實用主義的二律背反，或許並不像有些人想的那麼絕對。文革時期的中國一方面擺足了平等主義的架勢，一方面又奉行着一種死不改悔的發展至上方針。在這一點上，毛澤東與他的對手劉少奇

意見一致，建國頭十七年的各種政策，遵循的也是這樣的方針。同一種發展至上思維，後來還會在鄧小平的改革方略當中貫徹始終。手法和側重點雖有不同，中國的各位領袖卻一致認為，政府的任務就是使中國走向富強，而且越快越好。

經濟理念與口號

文化大革命更多是一場政治運動，重心並不在經濟層面。毛派極左分子牢牢控制着大眾媒體、文化部門和宣傳部門，對主管生產的各個部委則沒有那麼大的話語權。文革的喉舌由他們把持，調節生產的槓桿卻不時脫離他們的掌握。這樣一來，文革期間的經濟口號只能反映文革運動的理念，不一定能反映當時的經濟現實。極左分子大聲督促中國向左轉，從整體上看，中國也確實在這麼幹，但工廠繼續按慣常的方式製造產品，中央計劃部門也繼續按慣常的方式分配資源，只不過更加小心翼翼，盡量與文革的理念保持一致。鄧小平在文革初期就已被斥為「第二號走資本主義道路的當權派」，但卻在一九七三年重新上臺，並且從一九七四年開始主持政府工作，到一九七六年才再一次遭到清洗。毛時代晚期實行的政策，並不像同期的口號那麼脫離實際。

跟大多數毛式方針一樣，「自力更生」也帶有延

安時期的印記。延安是共產黨革命分子的戰時首都，座落在中國西北的窮鄉僻壤。這樣的出身，一方面使得共產黨注重各種轟轟烈烈的運動，以便在極端孤立和資源匱缺的條件下求得生存，一方面還使共產黨深深融入了當地的農民文化，以至於無法自拔。黨在六十年代重提「自力更生」，喚起了人們對於革命年代的回憶，只不過，黨這次是用它來治理一個國家，要應對的是人民共和國時代更為複雜的社會現實。

毛時代的「自力更生」還有一層用意，那便是應對外國援助突然中斷的困境。一九六〇年，由於中國和蘇聯的爭執急劇升溫，莫斯科突然從中國召回了六千名顧問，中止了一百五十六個大型經濟建設項目。回家的蘇聯顧問帶走了藍圖，自力更生變成了中國僅有的一種現實可行的選擇。

毛派的自力更生吹鼓手不相信極端化的勞動分工，倡導的是每一個經濟單元的「全面發展」。按照他們的主張，每一個省份都應該做到自給自足，以便最大限度地減少運輸成本，克服發展瓶頸。就整個國家而言，自力更生的要求是實現全面的進口替代，學會在國內製造從火車頭到抗生素的一切產品，免得去外國買。中國必須大力發展國內生產，這樣才能少浪費稀缺的硬通貨，刺激本國的產業創新。上世紀六十年代，新自由主義的自由貿易政策尚未大行其道，進口替代是亞洲及拉美國家的流行方略。有鑑於此，中

國的自力更生方針雖然堅定不移，在那個年代也算不上什麼獨樹一幟的創舉。

毛派用革命口號包裝自己的經濟宣言，暗示中國必須自力更生，要不然就只能去走資本主義路線。不過，毛澤東和劉少奇的衝突，絕不是社會主義和資本主義的對決，無論近些年的評論家們有多麼想在二者之間畫上等號。毛派和毛派的對手不謀而合，都認為政府應該指揮經濟，只是在側重點上有一些細微卻重要的區別而已。

中國的計劃經濟，與蘇聯的計劃經濟有何不同？中國的經濟比蘇聯分散得多（部分原因是交通落後），企業的規模也小得多。本着去中心化的思維，中國竭力尋求程度遠高於蘇東體系的經濟獨立，在國家層面和地區層面都是如此。與蘇聯相比，中國為發展經濟提供的物質刺激名目較少，更強調艱苦樸素的作風，個人消費的增長速度由此放緩。最後，中國主張一邊利用外來的先進科技，一邊發展本土科技，把這種做法稱為「兩條腿走路」，例子之一是發展中藥針灸，把它跟西醫結合起來。

毛派不相信物質刺激的作用，只不過，他們限制物質刺激的努力並不是那麼成功。文革期間，農民按一種工分制度來分享公社的收成，計算工分的依據則是務農技能、勤勉程度和政治忠誠。但是，城市裏的工人依然按原有的工資等級制度領取報酬，官員的等

級劃分和薪資體系也一仍其舊。

與此同時，文革的口號用上了一種戰天鬥地的挑釁風格，宣稱革命意志力量無窮，單靠它就能夠突破物質條件的限制。在馬克思主義理論體系當中，這種觀點叫做「唯意志論」，意思是歷史力量發揮作用的進程可以加快，只要人恰到好處地推上一把就行。毛派用歌舞團來款待工人，提高生產戰線的士氣，如果革命歌曲能讓工人更賣力地幹活，當然是好上加好。天津的小靳莊村大力提倡群眾參與文藝活動，藉此提高農作物產量，以至於得到了江青本人的賞識。鄧小平卻對小靳莊這種改造世界的業餘方案大加嘲諷：「蹦蹦跳跳，能跳過長江？」

作為一個樣板單位，小靳莊得到了鋪天蓋地的宣傳，為的是讓全國人民學習它的獨特經驗。所有的樣板都經過認真仔細的挑選和潤色，繼而享受無微不至的補貼和保護。當時有兩個最著名的樣板，一個是山西省的一座村莊，一個是黑龍江省的一塊油田：「農業學大寨，工業學大慶。」

大寨生產隊之所以成為樣板，是因為它費盡千辛萬苦，在陡峭的山坡上疊築梯田，達到了擴大農業生產的目的。當地的黨組織發起了一場又一場的政治運動，藉此安排生產計劃。這個樣板摒棄現金獎勵，以道德信念促進生產，成功地用勞動力和政治意志替代了中國缺少的資本。這之後，大寨生產隊漸漸變成了

圖7　農業樣板大寨生產隊的農民在進行政治學習　（White Lotus Gallery）利用田間休息的時間，農業樣板大寨生產隊的農民展開了一輪集體政治學習，一起閱讀毛主席語錄。村支書陳永貴佩戴着一枚毛主席像章。

一個紅色旅遊勝地，人們紛紛跑來觀摩學習。只不過，位於長江中下游平原的一個地平水豐的村子，除了效仿其政治精神之外，究竟還能從大寨學到什麼改良農業的技術，並不總是一個容易弄清的問題。憑藉大寨村的名聲，村支書陳永貴當上了副總理。儘管他從未成為政壇上的重量級人物，他的官運依然是一個象徵，體現了毛派提高農民地位的願望。

與農業領域的大寨相對應，黑龍江的大慶油田成為了工業生產的樣板。當局表彰「鐵人」王進喜之類作風強悍的油田領導，把他們描繪為英雄，讚揚他們在艱苦環境下的傳奇式苦幹精神。大慶油田的工人頂着東北嚴冬的酷寒鑽井採油，並且開辦了名聞遐邇的縫補廠，既是為了落實毛派倡導的艱苦樸素，也為了教育人們減少其他方面的浪費。然而，無論當局如何宣傳大慶與大寨的相似性，石油工業終歸是當時中國資本最密集的產業之一，根本不適合其他產業效仿。不過，大慶油田是中國半數石油的來源，在經濟中佔據着重要的位置，儘管油田生產在文革開始後一度癱瘓。這些樣板會讓人想起五十年代末的大躍進（勞動力和政治意志的組合可以克服一切困難），只不過遠比大躍進溫和適度，不附帶那種新世界已經近在眼前的願景。

還有個樣板跟大慶大寨一樣出名，但這個樣板不是地方，而是一個人——革命戰士雷鋒。日本侵略軍

和地主奪去了雷鋒的雙親，孤兒雷鋒在黨的懷抱裏找到了家庭的溫暖，並且成為了做好事的模範，事蹟包括趁戰友們睡覺時幫他們補襪子。他雖然死在文革之前（如果他確實存在過的話），卻還是成為了一個廣受歡迎的樣板，因為他勤奮學習毛主席著作，厲行節約，為革命無私奉獻。雷鋒是平凡生活中的英雄，大致相當於理想化文明禮貌的主保聖人。

形形色色的樣板，可說是文革的理念載體，城市居民的工作單位，亦即僱傭他們的辦事機構或工廠，則是對他們實施社會控制的基本要素。單位不光提供穩定的工作，還提供補貼住房、醫療保健、退休養老、學校教育、假期旅遊、文化娛樂和公共汽車票，以及其他的各種服務。可想而知，這一套大包大攬的必需福利強化了職工的依賴，也使得單位領導有權決定好房子的分配，甚至有權干涉職工的婚姻。戶口制度本是為監測人口流動而設，但卻在一九五九年饑荒之後變成一件管控工具，作用是阻止農民湧入城市。人們漸漸對城鎮戶口愛如珍寶，尤其是在千百萬城鎮青年被當局遣送下鄉的時候。工人如果頭腦靈活，運氣也好，往往能把自己的城市工作崗位傳給子女。農民卻都是集體所有製（相對於國有和私有）農業生產隊的成員，因此便是名義上的所有者，身份不同於僱工，福利也比享受多種補貼的城市工人少。除此而外，農民往往比工人更難管束。

長期存在的城鄉差距

毛主義的平等主義宗旨，並不能消滅中國社會根深蒂固的貧富不均。有一些差距是地域性的，因為中國的工業集中在東北地區和沿海省份。自力更生的方針要求各個地區靠自己的資源謀求發展，資源較多的地區自然會發展得好一些。既然如此，山區的農村依舊貧窮，偏遠的少數民族聚居區難以脫困，也就不是什麼讓人驚訝的事情。

另一種根深蒂固的不平等，則是那道把農民和城市工人分隔開來的「長城」。要想在城裏工作，必須得有城鎮戶口。五分之四的國民屬於農業戶口，農民被實實在在地困在了農村。文革把更多的人從城市趕到了鄉間，不過，許多當過紅衛兵的下鄉知青，最終都在兩到十年的時間裏返回了城鎮。文革期間，城鎮幹部也被下放到鄉區的各個「五七幹校」參加勞動，但他們依然可以領到城裏的薪水，建設的也是與當地農民相隔絕的新辦農場。

一九六二至一九八一年間，農村生活的基本單元是由大約三十戶人家組成的生產隊，多個生產隊又組成行政村或生產大隊。生產隊按照工分制度分配一年的收成(華北一年收穫三次，華南最高可達三次)，上級單位是統轄大約兩千戶人家的公社，後者負責管理行政事務，安排社會福利。這個系統種莊稼的效率不

一定特別高，但卻擅長徵集農業投入(勞動力、肥料、灌溉用水)，組織信貸、教育、醫療和鄉村工業之類的非農業活動。

各村各隊情況千差萬別，卻都掀起了新一輪的階級鬥爭，劃分階級的依據則主要是歷史淵源，並不是當前處境。各地的貧下中農協會，構成了地方黨組織的權力基礎。這些人佔農村人口的大多數，對人數遠比他們少的黑五類分子進行審查。沒幾個村子有所謂的右派，有的話就必定是知識分子。另一方面，所有的村子都有一些人出身於舊日的地主富農家庭，這些人很少能對革命構成任何威脅，其中的大多數卻還是遭受了或輕或重的迫害，到文革結束之後才洗脫污名。地主的女兒不能加入共產黨或民兵組織，幾乎不可能得到推薦上學的機會，富農的兒子則很難找到媳婦，因為很少有女的不怕連累，甘願沾上他的階級污點。一九四九年以前，赤貧的男性農民往往娶不到老婆，有鑑於此，許多農民多半把現今的新秩序看成了一報還一報的公道。文革時期的階級說辭，有時不過是一層偽裝，掩蓋的是一些根深蒂固的鄉村政治老套路，比如說宗族爭鬥。寬泛地說，農村階級關係已經蛻變為一種類似於種姓制度的東西，為跨階級的社交和通婚設下了重重障礙，比實際的財產差異更難逾越。

一千七百萬年輕人下了鄉，小部分是文革之前就

去了農村的志願者，大多數則是別無選擇的被遣散紅衛兵。下鄉知青攜着一件明面上的政治任務，要去向「貧下中農」學習，換句話說，他們的學習對象都是共產黨土改運動的受益者。上山下鄉運動抑制了紅衛兵的狂妄自大，同時又緩解了城市裏的失業問題。運動引發了無可避免的怨恨情緒，但這些情緒從未公開爆發，大多只是表現為下鄉知青及其農民寄主的私下嘀咕。不過，為了給暗殺毛澤東的陰謀找出理由，林彪的兒子林立果曾經羅列了毛澤東的種種罪狀，其中之一就是把年輕人遣送下鄉。按他的說法，下鄉無異於變相失業。

有一些村子歡迎這些受過教育的新來者，對他們以禮相待，也有些村子把知青看成搗亂分子，認為他們農活不會幹，出不了多少勞力，全都是吃白飯的多餘負擔。剛剛踏上農村的土地，許多知青便開始尋找逃離的門路。有一些知青跟村民結下了終生的情誼，到現在還有來往，有一些甚至跟村民結了婚，不得不一輩子留在農村。親眼目睹農民的貧苦生活之後，大多數知青都很受震撼。眼看自己的寄主缺吃少穿，這些曾經的紅衛兵恍然大悟，城市生活比他們原來想的還要富裕。事實上，當時的城鄉收入之比高達三比一左右。

毛派再怎麼宣傳，還是無法把農民打扮成一種令人艷羨的身份。為了爭當工人或士兵，中國的年輕人

打得頭破血流。這兩種身份都可以使人脫離農業勞動，提供向社會上層流動的新機會。在尤為左傾的文革初始階段，大學紛紛關門大吉。一九七〇年之後，大學又開始招收學生，錄取新生的依據卻不是全國統考成績，而是工作單位的推薦，以及考生的家庭背景。文革期間，許多知識分子或幹部被迫去工廠參加勞動，現今的編輯記者報導這些事情的時候，往往漏掉了一個關鍵的事實，也就是說，當時的人們普遍認為進廠是一種升遷，並不意味着地位下降。中國有一種源遠流長的傳統，那便是把鄉村生活描繪為純淨詩意的桃源仙境，同時又對真實的農民不屑一顧。文革時期對農民的照顧超過了歷史上的大多數時期，但還是無法擺脫這種城裏人的勢利做派，儘管共產黨欠了農民革命分子天大的恩情。

文革延續了盤剝農業的國策，以便為工業化籌措資金。政府按自定的價格強制統購公糧，農民卻不得不以相對高昂的價格購買工業製成品。種田由此成為一種無利可圖的行當，城鄉流動的限制卻把農民牢牢地綁在了土地上。由於工業發展得比農業快，提高糧食產量的壓力不斷加大。面對持續存在的農業生產力瓶頸，文革的決策者們採取了壘築新梯田、增加勞動力、加強意識形態激勵之類的措施，以求提高生產效率。

一九六六至一九七六年間，中國的農田灌溉面積

增加了將近三分之一。新增的田地並不是都有效率，因為大寨樣板時或被人不假思索地照搬照抄，應用到地形不合的區域。但這類措施好歹使得土地平整，為灌溉提供了方便，因而有助於莊稼增收。除此而外，若不是文革動員農民在傳統的冬閒時節開溝挖渠，這樣的土地改良將是一件無法辦到的事情。文革期間，肥料的使用有了大幅度的增長，雖然說當時的肥料質量低劣，跟改革時期的同類產品沒法比。在良種選育方面，這一時期也取得了一些重要的突破，同步於亞洲其他地方的「綠色革命」。

提高勞動力素質

文革期間最大的經濟成就，在於提高中國人力資本的質量，原因是毛派竭力以豐富的勞動力替代稀缺的資本，不放過任何機會。為了使這種方略收到更大的成效，他們努力提高勞動者的健康和教育水平，還把更多的女性拉進了勞動大軍。

公共醫療事業取得了顯著的成就，中國人的預期壽命在一九四九年只有三十五歲，到一九八〇年已經提高到六十五歲，比印度和印尼長了整整十二年。預期壽命提高的主要原因是營養狀況改善，嬰兒死亡率降低和傳染病控制加強。將近兩百萬農民受訓成為「赤腳醫生」，組成了一個規模龐大的鄉村輔助醫療

圖8 接種天花疫苗的宣傳海報 （White Lotus Gallery）孩子們排成一隊，等待一名赤腳醫生為他們接種天花疫苗。文革期間，中國擴大了農村醫療保健的覆蓋範圍。

網絡。這些赤腳醫生沒有什麼精良器械，醫術也稱不上高明，但他們與其他村民朝夕相伴，好處是隨叫隨到，服務也基本不要錢。文革時期的農村醫療保健水平較前一時期有了巨大的提高，最為人津津樂道的成就便是赤腳醫生。文革結束之時，中國的農村醫院床位已經佔到了總數的三分之二。

領導層大力推動西醫與中藥針灸的結合，因為中醫不光是中國的傳統財富，費用也比較低。在此之前，中西醫結合的嘗試從未取得顯著進展，因為醫療專業人員把中醫視為農民的愚昧迷信，對這種做法予以抵制。文革打碎了專家們的權威，使他們無力阻撓醫療及其他科技領域的「紅專」。科研人員奉命驗證並改良最受推崇的本土醫術，針灸走進了醫院，價格廉宜的中成藥也走進了赤腳醫生的藥箱。中西醫結合的成果類似於文革期間的文藝運動，後者利用西方油畫和交響音樂的技法來表現中式的主題。但在醫療領域，中西結合反映的不光是中國的現代主義和民族主義追求，還有尋找高效率低成本解決方案的願望。

教育領域也取得了類似的成就，影響極其深遠。一九六四年，中國十五歲以上成人的識字率只有百分之四十三，一九八二年，這個數字已經躍升到百分之六十五。成人識字率興許不足以體現教育領域的成就，我們不妨看看與此相關的另一個數字：一九八二年，十五歲到十九歲的中國人有百分之九十識字。反

觀印度，一九八一年的同年齡組識字率只有百分之五十六，成人識字率更只有百分之四十一。中國人識字率的快速上升，背景是一九六五至一九七六年間，中國農村初級中學的數量發生了史無前例的十五倍增長（識讀中文所需的早教時間，比識讀字母文字通常所需的時間要多兩年）。

正如醫療專家不贊成醫療制度的變革，權威不再的教育專家也不贊成新的教育制度。各個學校推行半工半讀的教育，意在使課堂教育貼近學生的實際生活。半工半讀的模式與儒學傳統截然相反，後者認為教育等同於背誦講解經典著作，教育的目標則是培育一個志趣高雅的精英階層。除此而外，新的制度還有助於抑制童工現象，因為集體的收成按工分進行分配，家長即使不讓孩子上學，家庭收入也不會有所增加。

以上這種對文革時期教育狀況的正面評價，與人們一直以來的認識相左，因為人們通常只會猛烈抨擊毛派關閉學校的舉措，儘管初中和小學並未關閉。事實上，由於毛派亟需設法將紅衛兵趕離街道，高中也在一九六七年復課。真正遭到關閉的是大學，大學到一九七〇年才恢復招生。由此可見，文革極大地擴展了底層民眾的基礎教育，但卻使高等教育的規模急劇縮小。高學歷帶來的文化資本，有利於精英家庭維繫其優勢地位，大學教育的中斷，可以理解為這種資本的暫停發放。

一九七二到一九七六年間，大學錄取新生的依據並不是全國統考成績，而是地方幹部的推薦，推薦的依據則是申請人的家庭背景和工作表現。除此而外，各地往往把地方性的考試用作輔助性的選拔工具。一九七八年之後，這一類靠推薦入學的「工農兵」學員遭到了人們的鄙夷，但他們的存在表明當局進行了認真的嘗試，力圖使大學重回正軌。

　　重開大學的舉措遭遇了猛烈的政治抵制。一九七三年，曾是高中生的張鐵生在遼寧省申請入讀大學，這時他已經幹了五年不情不願的農活，急於逃離農村。選拔考試使得他焦頭爛額，於是他採取了一個臭名遠揚的行動，不再理會試卷上的考題，轉而撰文抨擊所謂的「書呆子」，指責他們不務正業，沒像他這樣下田幹活。張鐵生這種荒唐的表演，跟世界各地的絕望考生大同小異（答不出題，那就寫點別的），但在文革晚期，此舉卻使他成為了一位敢於抗擊精英主義的反潮流英雄，從此官運亨通，一時間紅得發紫。

　　基本醫療和基礎教育的普及，提高了勞動力的素質，女性就業的擴張，則增加了勞動力的數量。文革高舉「婦女能頂半邊天」的旗幟，極力消除阻礙女性就業的傳統性別歧視。在城市裏，幾乎所有的年輕女性都加入了勞動大軍。這一時期的工資水平雖然原地踏步，各家各戶的收入卻還是有所增益，男性家庭成

深夜不眠

圖9　熬夜學習的宣傳海報，畫中人是一名身兼村幹部和母親二職的女性（White Lotus Gallery）「深夜不眠」。畫中人正在熬夜學習科技知識，牆上的各種獎狀表明她是一名村幹部，熟睡的孩子則點出了她的母親身份。

員由此轉變思想，接受了女性地位提高的現實。

中國的城市出生率在六十年代達到峰值，之後卻由升轉降，體現出女性就業的另一個後果。毛澤東認為勞動力越多越好，一度使中國無法實行人口控制。不過，中國最終突破了這道防線，於一九七一年推出了新的人口政策，到一九七八年就把出生率降低了一半。紅衛兵上山下鄉，一個高生育的人群由此流離失所，也是出生率下降的原因之一。除此而外，政府還要求民眾晚婚少育，拉長生育間隔。這些措施迫使夫婦制訂生育計劃，但卻比更加廣為人知的獨生子女政策溫和得多，後者到一九八〇年才開始實施。鄧小平的後文革改革廢除了中國農村的集體化耕作、教育、醫療和社會福利體系，包括涵蓋吃、穿、燒(燃料)、教、葬的「五保」供養制度。失去集體的依傍之後，農村家庭再一次把子女看成了一種養老保險。針對這樣的勢頭，政府的反應是推行更加嚴厲的措施，以求遏制人口增長。

女性是前述後文革政策的主要受害者，也是國營工廠倒閉大潮中首當其衝的失業者。農村和工廠的「改革」都伴隨着對江青的大力批判，此類批判帶有強烈的厭女色彩，文革時期的男女平權潮流呈現倒退之勢。

文革期間，中國的醫療體系大幅擴展，基礎教育得以普及，女性就業有所增加，凡此種種，無不促使

中國的勞動力素質穩步提升。隨之而來的高生產率有利於任何一種經濟戰略的推行，包括鄧小平擬訂的出口驅動改革方案。然而，受過良好教育的精英階層往往缺乏對普通民眾的同情，並且對自身特權的喪失心懷不滿，因此便在文革期間消極抵制這些平等主義變革，又在文革之後對它們口誅筆伐。

工業投資

自力更生的方針鼓勵各地自謀發展，部分是為了減少運輸成本。儘管如此，在文革時期的中國，交通基礎設施還是得到了顯著的改善。一九六八年，南京長江大橋建成通車。完成這個蘇聯半途撒手的援建項目，意味着中國東部第一次有了跨越長江的鐵路交通，列車不再需要輪船擺渡。北京的第一條地鐵於一九六九年竣工，鄉村地區的新橋新路數以千計，為物資和人員的流動提供了便利。

鄉村工業快速發展，為工業部門增添了一個生機勃勃的組成部分。各個公社紛紛興辦工廠，製造化肥、農具、灌溉設備、水泥和電機之類的產品，還搞起了水力發電。這些項目都得到了大量的政府投資，享受了稅收減免的政策。在後文革改革中扮演關鍵角色的鄉鎮企業，便是從這些農村工廠演變而來。

自力更生的方針，倒也具備一定的環保特色。貧

窮可以抑制浪費，消費本地產品則可以減少交通污染。然而，文革那種一根筋的發展理念使得環境不堪負荷，因為自力更生的方針還要求每個地區自種糧食，哪怕要付出環境的代價。「以糧為綱」的農業方針是草原草甸的噩耗，華北平原的地下含水層由此嚴重透支。耕地面積越來越大，湖泊越來越小。不過，七十年代的植樹造林運動與這樣的大趨勢背道而馳，起到了增加生物量的作用。此外，文革時期的環境破壞本已十分嚴重，文革之後卻不見好轉，反倒是迅速加劇，因為中國的發展至上路線一如既往，而且轉入了高速增長的市場化軌道。

毛派既然視消費品為洪水猛獸，文革期間的工業發展自然以重工業為先，不重視服裝製造之類的輕工業。經濟增長率差強人意，投資卻往往沒有效率。尤為明顯的例證是所謂的「三線建設」（「一線」和「二線」分別指中國的沿海防區和中部防區），這是一個軍方主導的秘密工業化計劃，目標是在中國的偏遠腹地建設一批新廠。隨着「三線建設」的開展，中國的許多工廠要麼是建在了岩洞裏，要麼就躲進了西南地區的深山老林。

隱秘的「三線」經濟基地以預防美國或蘇聯的襲擊為主旨，佔用了巨量的資本，如果把這些資本投放到那些建設成本較為低廉、技術資源較為豐富的地方，應該能產生更大的收益。不過，投資沿海地區會

帶來潛在的風險，容易遭受美國的轟炸或臺灣國民黨政權的反攻。除此而外，毛派還有一層考慮，想要對那些依然貧困的革命老區略表寸心，報答它們以往的忠誠，同時把工業技能推廣到全國各地，使它的分佈趨向均勻。浙江和福建的落後山區雖然離海較近，但也建起了一些「三線」工廠。這些工廠相對而言不那麼大，規模卻依然不小，生產的同樣是軍火、鋼鐵和化工產品。

這種嚴防死守甚或草木皆兵的思維模式，滲透了文革經濟政策的方方面面。自力更生的方針，動因也是擔心外國入侵的現實考慮。黨一度號召國民「深挖洞、廣積糧」，意在預防蘇聯襲擊中國的交通運輸系統，這一運動的直接成果，則是一批此前未知的考古文物意外出土。隨着林彪的橫死和軍方勢力的削弱，孤立主義的「三線建設」有所降溫，等到中國與美國實現和解，這一計劃便最終畫上了句號。

林彪身死的一九七一年，中國的外貿總額跌到了只佔國內生產總值百分之五的低點，但在一九七五年，外貿總額已經實現了三倍的增長。「三線建設」終止之後，周恩來和鄧小平在毛澤東的支持下策動了經濟政策的重大轉向，標誌則是決定從西方引進十一套大型化肥生產設施。周恩來重申「四個現代化」的講話，也是文革後期的一個大膽嘗試。事實上，自毛而鄧的經濟轉變在文革期間已經開始，並沒有等到文

革之後。除此而外，這次轉變在更大程度上是一個漸進的過程，並不像我們平常聽説的那樣，意味着對毛主義的斷然否定。

沒有毛時代的發展作為鋪墊，中國就不會迎來鄧時代的「奇蹟」。文革為鄧小平的經濟改革奠定了種種基礎，其中包括高識字率和良好的健康水平，高產的水稻品種，以及依靠毛式勞力投入建起來的灌溉和運輸系統。工業基礎設施往往是效率低下的次品，但也為後來的增長積累了經驗。鄧小平接手的中國，是一個沒有外債負擔的經濟體。毛派的去中心化舉措，加上文革對官僚系統造成的沉重打擊，最大限度地減小了阻礙蘇聯改革的那種經濟割據。

後文革時期的改革者當然功不可沒，他們啃掉了許多硬骨頭，這才實現了國營企業私有化，增加了消費品供應，推出了狂飆突進的外貿方針，擴張了信貸體系，帶領中國走出了中央計劃體制。反觀毛派的各種方針，不僅伴隨着高昂的政治代價，當時還已經日暮途窮，走到了邊際收益遞減的拐點。

中國改革的始點，究竟是一九七一年還是一九七八年，並不是一個愚蠢的問題。鄧小平堅持一九七八年的説法，因為他必須抹黑文革十年的一切（包括他自己推行的那些政策），才好為市場化改革大潮帶來的一些濁流開脱辯解。更何況，中國啟動市場化改革之時，新自由主義宣傳已經在中國之外的世界持續了整整一

個世代，翻來覆去地告訴人們，市場是合理安排人類事務的唯一途徑。這樣的宣傳也使得人們一葉障目，以至於無法看清，「後毛澤東時代」的改革路線，起點其實在文革期間。

第五章
「我們的朋友遍天下」：文革的全球背景

　　中國的文化大革命，吸引了全世界的目光。立場保守的政治領袖關注它，因為他們擔心中國顛覆國際秩序，激進分子也關注它，因為他們景仰中國的大膽試驗，以及挑戰超級大國的勇氣。中國聲稱自己「朋友遍天下」，儘管冷戰的態勢劍拔弩張，業已使中國陷於孤立。中國以審慎卻果決的態度與美國達成和解，這才擺脫了孤立的處境。重新加入國際體系的選擇，為中國定下了經濟改革的路線。跟其他許多領域一樣，中國在外交領域的各種迥異立場也被「文革」的標籤一舉掩蓋。然而，中國對國際秩序有排斥也有接納，外交政策並不單一。

世界革命的口號

　　十年文革，剛好與一場席捲全球的激進政治運動同時發生。對美國人來說，這一時期的代表性事件是黑人民權運動、女權運動和嬉皮運動，以及反越

戰示威。對歐洲人來說，巴黎風暴和布拉格之春在一九六八年接踵而至，標誌着一場廣泛的文化及政治轉變。這一時期，美國和蘇聯一邊竭力壓制自家勢力範圍內的騷亂，一邊尋找機會，準備在對手的領地製造麻煩。美蘇之間的對峙局面，構成了一個重要的全球維度，影響到了當時的各種事件，比如一九六八年蘇聯對捷克斯洛伐克的入侵，一九七四年的智利政變，非洲的抵抗戰爭，以及美國在印支地區的戰爭。

中國是反帝國主義運動的象徵，文革則似乎是一場勇敢無畏的社會工程試驗。毛澤東的各位西方擁躉認為，中國開闢了一條新路，可以化解西方資本主義的問題，或者療治蘇式自上而下計劃經濟的弊病。西方的異見人士讚賞紅衛兵的昂揚鬥志，女權運動分子則紛紛借用毛派的口號，「婦女能頂半邊天」。這一類的觀點現在可能顯得一廂情願，在那個年代卻具有很大的吸引力，因為當時的西方普遍渴求新的政治樣板，中國又剛巧處在一個與世隔絕的位置。從中國之外遠遠看去，文革提出的各種命題似乎格外宏大：階級鬥爭、社會主義的真諦、革命運動的前途。但在中國內部，迫在眉睫的不過是同一些現實問題，跟其他任何地方的政治大體相似：積累的怨恨、發洩的機會，以及達成新政治交易的契機。

那個年代，想了解中國很難。五十年代的麥卡錫主義清洗風潮，不光把最開明的一批中國問題專家趕

出了美國的國務院，還使得美國大學裏的政治異見分子噤若寒蟬。美國禁止任何人持本國護照前往「紅色」中國，藉着去柬埔寨造訪一家馬戲團的機會，後來成為學者的戴維・米爾頓（David Milton）和南茜・米爾頓（Nancy Milton）才偷偷溜進了中國。一九六九年，美國記者梅兆贊（Jonathan Mirsky）在長江口跳船上岸，還是沒能成功入境。研究中國的那一代美國學者至多只能走到臺灣或香港，沒辦法靠得更近。歐洲人倒是可以去中國，但中國人對外國人深懷戒心，雙方的交流由此受限。

文革再一次點燃了西方對中國的興趣，與之俱來的是一種偷吃禁果的誘惑。毛派的各種理念，時或在匪夷所思的場合冒出頭來。舉例來說，美國的一位資深教授曾要求一名校方代表把手攤開，讓大家看看他有沒有參加過體力勞動，並且義正辭嚴地質問，「你的老繭在哪裏？」這樣的追問當時就顯得荒誕不經，現在還顯得更加離譜，原因是今時今日，「正常」的政治世界遠比那個年代偏右。中國的文革運動期間，許多西方人都希望看到一場以中國為核心的世界革命。另一些人的想法則比較簡單，只是把中國視為一股正義的力量，正在與這個不公肆虐的世界抗爭。

中國的國際主義口號喊得很響。大多數中國人都學過毛澤東的《紀念白求恩》，這篇文章讚揚了這位死於一九三九年、死時還在為紅軍戰士療傷的加拿大

外科醫生，敦促全體黨員敬重外國人對世界革命的貢獻。中國對一九六八年的巴黎風暴表示了歡迎，但卻對這場運動的反文化特質大感不解。一九七一年，慶祝巴黎公社一百週年的時候，北京的態度顯然更放得開，因為巴黎公社是一場較為傳統的工人暴動。

中國主動投入亞洲、非洲和拉美地區民眾鬥爭的陣營，美國的黑人解放政治運動也在中國激起了極大的熱情。馬丁·路德·金遇刺之後，毛澤東發表了一篇措辭激烈的聲明，鞭笞美國的種族歧視。除此而外，中國還曾為黑人分離主義運動領袖羅伯特·威廉斯(Robert F. Williams)提供庇護，後者試圖把前南部邦聯的五個州變成一個「新阿非利加共和國」，由此遭到美國政府的緝捕，不得不流亡國外。

中國的媒體一口咬定，全世界的革命群眾都在學習《毛主席語錄》。美國黑人組織黑豹黨(Black Panther Party)花二十美分購進毛澤東的「紅寶書」，又按一美元的價格在加州大學柏克萊分校的校園裏發售，賺了錢就去買霰彈槍。倒騰了幾個月之後，黑豹黨才開始讀這本書，看看毛澤東說了些什麼。

當時的中國，真的是世界革命的中心嗎？光從口號上看，這一點毋庸置疑。中國官方大肆鼓吹帝國主義已經全面崩潰，社會主義即將在全世界取得勝利，這一類激情洋溢的宣傳，使得正常的外交活動難以開展。駐中國的外國使節經常面臨無禮的對待，最臭名

昭著的例子是英國代辦的北京官邸遭遇襲擊，被一群暴民縱火燒毀。周恩來總理對當事人員提出了嚴厲批評，因為他們沒能阻止示威者的暴行。中國無法維持外交關係正常存續的假象，不得不召回了除駐埃及大使之外的所有大使。

針對中國與世界的關係，毛派進行了一番認真的思考。毛澤東指出，列寧認為「國家越落後，由資本主義過渡到社會主義就越困難」，這種說法是錯誤的。在毛澤東看來，西方太富，資本家的統治又持續了太長的時間，工人階級只能在極度使人萎靡的資產階級影響下掙扎。依照某種類似於「最薄弱環節理論」的邏輯，社會主義革命只會出現在馬克思未曾預見的一些地方。要實現世界革命，只能依靠第三世界，依靠第三世界的龐大人口。

一九六五年，林彪在一次廣為傳播的講話中提到，要通過「農村包圍城市」的方法，在世界範圍內複製中國的革命。正如紅軍從農村根據地起家，最終包圍了中國的各大城市，世界各地的無產階級國家也可以揭竿而起，牽制和消耗資本主義國家的力量。早在世界資本主義展開全球化反撲幾十年前，世界革命的全球化就已在北京初露崢嶸。

中國對蘇聯修正主義的批判，可說是嚴肅得無以復加。劉少奇之所以被嘲諷為「中國的赫魯曉夫」，是因為對手指控他逃避革命。一九六三年簽署的《部

分禁止核試驗條約》，在中國看來是蘇聯向帝國主義妥協的標誌，中國於一九六四年研製成功的核彈，由此成為了更加耀眼的革命符號和民族主義象徵。

中共假戲真唱，把澳大利亞共產黨(馬克思列寧主義者)主席愛·福·希爾(E. F. Hill)同志當成世界政壇的領袖人物來接待，甚至打發中央文革小組的領導成員康生去北京機場迎接他。實際上，希爾連真正的澳大利亞共產黨都領導不了，領導的僅僅是在北京慫恿下從澳共分裂出來的一個小派別。那時候，世界各地的共產黨都在鬧分裂，其中的毛派自稱為「馬克思列寧主義者」，好跟那些依然忠於莫斯科的「修正主義者」有所區別。

冷戰現實

毛澤東把帝國主義蔑稱為「紙老虎」，說它是一種色厲內荏的事物，但在應對帝國主義的時候，他總是格外地小心謹慎。中國的口號雖然激進，口號底下的實際行為卻是對冷戰的一種防禦性反應。中國確實援助了越南，給個別反政府組織提供了武器，還為那些敢於捋美國和蘇聯虎鬚的國家叫了好。在國際事務當中，中國總是支持弱勢的一方，效果則大多只有象徵意義。儘管有前述種種革命表演，文革期間的外交政策仍然是謹慎為先，沒有任何擴張傾向。毛派的

「人民戰爭」是徹頭徹尾的防禦戰略，強調的是團結起來抵抗外敵入侵，除此而外，中國的軍隊並不具備去外國耀武揚威的本事。

美國最得罪中國的舉動，也許是支持逃到臺灣的「中華民國」國民黨政權。流亡臺灣的蔣介石維持着一個統轄中國大陸的虛構政府，其中甚至包括「蒙藏委員會」之類的設置。依靠美國施加的外交壓力，這個僅餘殘跡的國家在聯合國待到了一九七一年，佔據着中國的安理會席位，把人民共和國排除在外。

美國在臺灣的軍事存在，對中國來說不僅是一枚招人討厭的眼中釘，更是一種實實在在的武力威脅。美國在臺灣部署了軍隊和導彈，還為臺灣的軍管政府提供武器裝備和人員培訓。臺灣政府則不斷把自己宣傳為「自由中國」，以便爭取美國的反共人士。美國和臺灣的關係，與美國和亞洲其他右翼獨裁政權之間的關係並無不同，不過，臺灣是唯一一個向中國大陸發動軍事襲擊的此類政權。一九七〇年，臺灣電影院裏售賣的花生，包裝袋上依然印有「光復大陸」的字樣。

冷戰對中國的經濟造成了顯著的影響。舉例來說，沿海省份福建本來擁有長期從事外貿的經驗，北京卻認定那裏不宜投資，因為蔣介石的蛙人仍在襲擾海濱城鎮。廈門一度是重要的港口，附近的金門島上卻有國民黨的軍事基地，阻斷了廈門的發展道路。

五十年代，國共之間爆發了多次軍事危機，然而打來打去，金門島依然在國民黨的手裏。文革期間，國共雙方的軍隊一直在按一份古怪的日程互射砲彈，每兩天打一個小時，剛夠為那場漸漸遠去的內戰保留一絲活氣。由於冷戰的壓力，效率低下的「三線建設」工業化計劃顯得現實可行，至少從戰略角度來看是如此。中國不肯在可能遭受轟炸的城市投資，只好把目光轉向內陸腹地。

美國對中國產品實行禁運，就連中國的書籍和雜誌，一時間也成了難以獲得的東西。許多研究機構的圖書館至今保存着文革時期的中國出版物，上面蓋有美國政府的警示印章，聲稱其中含有共產主義宣傳文字。此外，文革還切斷了中國與海外華僑之間互利互惠的傳統聯繫，在中國的僑眷僑屬，往往被安上投靠資本主義和從事間諜活動的罪名。得不到外國的技術，中國的產業升級步履維艱，毛派的態度由此變得更加堅定，要求人們為土方法找出新用場。依靠有限的貿易，中國的科研人員嘗試了一個又一個高難度的逆向工程項目，將進口的設備拆解開來，以求破解其中的奧秘。這方面的極端例子之一是拆解一架波音707客機，這架飛機屬於巴基斯坦，一九七一年在中國西部失事。雖然有了樣本，中國依然缺少仿造所需的技術能力，無法複製這種美國的產品。

中國的驕傲和執拗造成了種種惡果，它的窘困，

不全是因為受了強大美國的壓制。跟蘇聯反目成仇之後，中國陡然落入了同時激怒兩個超級大國的不妙境地，這樣的外交成果，跟理想的情形差了十萬八千里。

中國兩次目睹美國在自己的邊界附近打仗，一次是在朝鮮，一次是在越南。美國在臺灣、日本、泰國和菲律賓部署了軍隊，並且為這些地方的右翼附庸政府提供支持，與此同時，加拿大、墨西哥或古巴並沒有中國的軍事基地，也沒有中國的跟班。中國的外交政策雖然好鬥，卻沒有擴張傾向，但它的這些政策，迎來的仍然是無情的反共浪潮。

革命的言語難免與謹慎的行動發生衝突，這方面的例子出現在廣東省珠江口的兩個殖民地，葡屬澳門和英屬香港。這兩塊土地都是帝國主義久借不還的東西，但在一九四九年，中國並沒有奪回其中的任何一塊，使得一些人大跌眼鏡。印度軍隊於一九六一年開進性質與澳門類似的葡佔果阿，中國一時間頗感尷尬，但中國容忍這兩個殖民地繼續存在，無非是開展實用外交的一種手段。賭場林立的澳門經濟疲軟，引不起中國太大的興趣，面積更大也更加紅火的香港，才是中國關注的重點。英國的法治，外加上海難民的經商天才，再加源源湧入的廣東勞力，把香港變成了一個具有強烈出口導向的繁榮經濟體。香港對中國來說意義重大，既是跟西方世界接觸的一個窗口，又是

聯繫東南亞華僑社群的一座橋樑，還是開展對外貿易的一條渠道。香港和澳門都住着大批逃離共產主義革命的難民，包括一些國民黨的支持者，與此同時，這兩個殖民地也收留了一些相當體制化的左派社群，以左派控制的學校、工會和百貨商店為中心。

中國內部的緊張局勢擴散到了香港和澳門，兩地的外族當局都遇上了群眾騷亂、罷工和炸彈襲擊之類的麻煩。跟中國大陸的情形一樣，文革初期的極左風潮遭到壓制之後，兩地的秩序也迅速得到恢復。葡萄牙於一九七四年推翻法西斯獨裁政權，隨即放棄了在非洲和帝汶的殖民資產。不過，當時的中國顯然是拒絕了葡萄牙歸還澳門的提議，怕的是此舉帶來連鎖反應，迫使中國倉促接管香港，因為共產黨尚未做好準備，不敢貿然吸納一個大型的資本主義經濟體。澳門繼續由葡萄牙人管治，到一九九九年才回歸中國，比香港晚了兩年的時間。

中國權衡了擺脫孤立處境的各種戰略選項，其中之一是分化美國的盟友。戴高樂治下的法國挺身對抗美國，並且退出北大西洋公約組織，自行其是地發展核武器，使得中國欣喜不已。中國巴不得美日之間出現嫌隙，使日本也走向類似的自主，然而，《美日安保條約》於一九六〇年簽署，把這個願望變成了泡影。

中國的第二個選項，是爭取其他第三世界國家的

支持。這種策略帶來的最長久夥伴是巴基斯坦，該國把中國視為一個制衡印度的砝碼。不過，中印兩國在一九六二年邊界戰爭之後的惡劣關係，足可說明第三世界國家實現團結的難度。中國極力在非洲廣交朋友，援建了連接贊比亞和坦桑尼亞的坦贊鐵路，使這兩個國家不必仰賴實行種族隔離的南非。此外，北非的阿爾及利亞也是中國的的外交夥伴，兩國的關係穩定持久。

中國曾經對印尼抱有極大的期望。左傾的蘇加諾政府統治印尼的時候，中國和印尼協力提高第三世界的國際影響，具體方法包括舉辦「新興力量運動會」，跟奧運會唱對台戲。文革前夕，雅加達發生政變，新政府隨即大舉屠殺印尼的左派，大批的印尼華僑不幸罹難。這場屠殺得到了美國的暗中支持，死難者可能多達百萬，中國和印尼的結盟前景，由此便煙消雲散。

中國發展核武項目，為的是以防萬一，即使外交手段無法減輕兩個超級大國施加的壓力，自己也不至於束手待斃。當時的中國在世人眼裏的形象，跟今天的平壤或德黑蘭頗有相似：與世隔絕，四面受敵，頂着擁核列強的抨擊製造核彈。西方媒體把中國描繪為一個任性無常的瘋子國家，但中國的核武器並不瘋狂，完全符合靠力氣說話的實用外交政策。美國和蘇聯曾經計劃先發制人，聯手轟炸中國的核設施，進一

步加劇了中國的焦慮。中國的領導人都記得廣島，記得美國從朝鮮戰爭時期開始一再發出的核威脅。

一九六九年，文革的極左階段業已終結之時，中國的突圍嘗試遭遇了決定性的挫敗。那時候，中國雖然打下了美國的幾架間諜飛機，美國的軍機卻繼續橫衝直撞，取道中國（尤其是海南島）去轟炸越南。中情局逐年向達賴喇嘛提供贊助，務必使中國持續面臨流亡藏人的壓力，儘管在一九六五年之後，美國似乎不再向西藏的反抗者空投武器。一九六九年三月，蘇聯入侵捷克斯洛伐克的事件記憶猶新，中國就和蘇聯在烏蘇里江邊界打了一仗。這場戰役進一步提高了林彪和中國軍方的聲望，但卻迫使毛澤東重新考慮，中國這種目空一切卻孤立無援的全球地位，究竟還能不能夠維持。到一九七〇年，除了越南、北韓、巴基斯坦、阿爾及利亞和阿爾巴尼亞之外，只有寥寥幾個國家的政府能算是北京的朋友。中國指望的是世界「人民」的愛，指望不上他們的政府，但人民控制不了軍隊，也控制不了貿易。

毛澤東向美國靠攏

毛澤東想出了一步格外大膽的棋，亦即與美國握手言和，從而加劇兩個超級大國的對立。趁美國面臨越戰失利的困局，中國拋出了和解的橄欖枝，以便更

好地對抗蘇聯。作為向美國示好的一個信號，中方邀請美國記者埃德加·斯諾(Edgar Snow)參加一九七〇年十月一日的國慶閱兵，站在毛澤東身邊一同觀禮。斯諾曾在一九三七年撰寫暢銷著作《西行漫記》，向世界介紹了中國的共產主義運動，又在五十年代被扣上赤色分子的帽子，不得不流亡瑞士。他欣然接受了中國的邀請，覺得這是個揚眉吐氣的機會，可他根本沒有想到，毛澤東認定他是中情局的特工，請他來只是為了利用。其他的一些「民間」外交舉措，比如美國乒乓球隊的中國之行，為美國國家安全事務助理基辛格的秘密訪華做好了鋪墊。一九七一年七月，假稱在巴基斯坦臥病的基辛格來到中國，就美國總統尼克松於次年二月訪問北京的事宜談好了條件。

北京拿到了中國的聯合國席位，毛澤東的戰略調整有了更堅實的根基。在此之前，各個第三世界國家年復一年地在聯合國大會製造輿論，要求驅逐蔣介石的代表。這些舉動雖然弄得美國很是尷尬，但卻到一九七一年十月才達成目標，幫中國爭取到足夠的票數。

不拿出一點強硬的作風，不可能促成新的中美關係。終生的反帝分子和終生的反共分子，少不得要經過一番苦勸，才會從共同的戰略利益着眼，放下各自的意識形態成見。只有尼克松這樣的狂熱反共分子，才有可能策動中美建交，同時又不至於危害自身的政

治地位。同樣的說法也適用於毛澤東，因為他是全世界最著名的反帝分子。

林彪不支持中美建交，不過，中國軍方的一切抵制，最終都隨着林彪的橫死畫上句號。美國方面的反對聲浪，同樣來自那些受益於冷戰現狀的勢力。長期執掌中情局的詹姆斯・安格爾頓（James Jesus Angleton）堅持認為，持續已達十年的中蘇交惡其實是一種假象，是莫斯科用來誘使西方放鬆警惕的煙幕彈。

中美之間的交易在細節上雖然模棱兩可，但卻對雙方都有好處。美國和中國從此疏遠了各自在越南戰場上的盟友，轉而聯手對抗蘇聯。美國同意從臺灣撤軍，承認只有一個中國。當時的中國多半以為，政治統一臺灣已經指日可待，事實卻一直令它大失所望。儘管如此，由於美國撤走了在臺灣的軍事基地，中國便可以把投資轉向沿海地區，削減成本高昂的「三線建設」計劃。美國終止對國民黨戒嚴政府的軍事支持，還產生了一個意外的結果，那便是為臺灣的民主化開闢了道路，使這個島嶼離兩岸統一更加遙遠。

中美建交之後，中國雖然繼續批判帝國主義，但卻把帝國主義跟針對「霸權」的譴責聯繫在了一起，含沙射影地攻擊蘇聯。毛澤東炮製了一套笨拙的「三個世界理論」，藉以重新界定全球政治。照他的說法，第一世界由美國和蘇聯組成，第二世界的成員則是些「中間派，日本、歐洲、澳大利亞、加拿大」，

這些國家「原子彈沒有那麼多，也沒有那麼富，但是比第三世界要富」。第三世界指的是非洲、亞洲(不包括日本)和拉丁美洲，換句話說就是全世界的「人民」。毛澤東對經濟一竅不通，全球戰略意識卻很強。當時的中國，確實需要去挖美國和蘇聯的牆腳，從它們的身邊撬來幾個盟友。

步履蹣跚的調整

中美外交的這一次重大轉折，既不是民主的產物，也談不上什麼參與性。相關的決定出自頂層，不但瞞過了其他國家的耳目，甚至把中美兩國的一些決策者蒙在了鼓裏。為數眾多的中國人和美國人對這個變化表示歡迎，其他一些人卻產生了疑慮。各方各派都需要一場曠日持久的討論，才能完成如此重大的一次意識形態調整，因為昔日那個不共戴天的死敵，一夜之間變成了對抗蘇聯的盟軍。

日本的領導人一直緊跟美國，支持後者在東亞的強硬路線，這時便震驚不已地發現，美國的政策天翻地覆，事先卻沒有知會他們。收到這條新聞，美國在南越的傀儡政權意識到自己末日將臨，臺灣的反應則是目瞪口呆，難以置信。

在美國的國內政壇，義憤填膺的保守分子始終站在國民黨的一邊，儘管尼克松把大部分的共和黨人拉

圖10 江青款待外賓 （White Lotus Gallery）江青在中國國慶日款待外賓。

進了自己的陣營。美國的知識分子竭力解讀中國的革命，對文革的一些分析卻顯得相當幼稚。

回頭來看中國，文革的初始階段業已使古老的仇外情緒再一次急劇膨脹，有時是當局刻意為之，有時則別無他故，僅僅是因為這個國家最普世的聲音已經被封住了嘴巴。在這樣的大形勢之下，極左分子江青卻致力於利用西方技法來推動中國文化走向現代，充分貫徹了毛澤東「洋為中用」號召的精神。樣板戲《海港》以全球反帝國主義浪潮為背景，講述了上海碼頭工人奮力向非洲運送稻種的故事。這樣的國際主義行為固然不同於從西方進口文化產品，終歸不能說是排外。

儘管如此，或許是勢所必然，外國文化仍然跟你死我活的派系政治糾纏不清。對於外來污染的恐懼，在許多極左分子當中蔓延，他們擔心中國若是對外國產生了依賴，革命的勢頭就會日漸衰減。對於這扇通往西方的新窗口，領袖們倒比較看得開，討論的議題不過是如何管控而已。

為了迎接新一波的外賓，周恩來組織了一批藝術家去裝潢賓館，極左分子卻將這些藝術家的作品斥為「黑畫」。西方古典音樂再一次登上中國的舞臺，引發了一場批判「無標題音樂」的運動，因為中國的聽眾認為，相較於史特勞斯《唐璜》和貝多芬《田園交響曲》之類的標題音樂，主題抽象的交響曲和奏鳴

曲，比如莫扎特的《g小調第四十交響曲》，具有更強的資產階級特性。加了標題的訊息看起來更加清晰透明，因此更符合中國的音樂及敘事傳統。中國的一個工業考察團訪問紐約，回國時帶上了康寧玻璃公司贈送的一批玻璃蝸牛，江青指責這些人崇洋媚外，還要求他們退還禮品。意大利電影導演米開朗基羅・安東尼奧尼（Michelangelo Antonioni）拍了部紀錄片《中國》，意在讓西方重新認識中國。北京卻抨擊他一味聚焦陳舊事物、古怪場景和手工操作的設施，沒有展現中國引以為豪的工業新成就。

跟西方重新建立聯繫的過程，並不都是步步為營的塹壕戰。中國從西方進口了大批產品，最顯著的例證是一系列用來提高農業產量的化肥生產設施。中國還歡迎中情局來華設立監聽站點，以便對付現已成為共同敵人的蘇聯。另一方面，文化戰線依然比經濟戰線和軍事戰線公開，自然也就比它們敏感。

大多數的爭議，焦點都是中國對外國文化的引進。與此相反，中國啟動的新型文化外交倒是沒遇上太多的麻煩，組織得更為有序，目的也更為明確。中國繼續維持跟老朋友們的聯繫，向阿爾及利亞和阿爾巴尼亞輸出革命戲劇，文化部還組建了演技精湛的「東方歌舞隊」，專門為第三世界國家的觀眾表演。針對西方賓朋，中國拿出了新的款客之道，竭力使他們的視線遠離文革的混亂場景，轉向不那麼政治化的

中華文明往昔輝煌。埋藏近兩千年的秦始皇陵兵馬俑於一九七四年重見天日，外加一九七三至七四年間的一場文革出土文物海外巡展，攫住了全世界的目光。諷刺的是，參加巡展的許多出土文物，都來自於那場「深挖洞、廣積糧」的人民防空運動。

中國還招募了一些西方人，讓他們向世界展示中國的形象。廣受歡迎的中比混血作家韓素音，把人民共和國介紹給了更多的讀者。紐西蘭的宣傳專家路易‧艾黎（Rewi Alley），也為中國撰寫了不少熱情洋溢卻有口無心的書籍和詩歌。江青步毛澤東的後塵，為自己找了個來自美國的傳記作者，年輕的女學者羅克珊‧維特克（Roxane Witke）。一九七二年，維特克對江青進行了長時間的採訪。江青和維特克合寫了一本書，兩人後來都為此飽受批評，當然，被控叛國的只有江青。

日本的情況比較特殊，當時的中國極力拉攏這個曾經的敵人，熱情比之前的一些年猶有過之。日本的一個芭蕾舞團來中國表演《白毛女》，使觀眾們如痴如醉，儘管如此，痛苦的記憶依然縈繞不去。一名日本士兵在一九四五年的投降亂局中跟部隊走散，不得不在華北農村定居。他害怕中國農民找他報仇，只好假裝又聾又啞，漸漸與鄉親們打成了一片。中日邦交的正常化使他的嘴巴和耳朵恢復了正常，也使他在三十年之後重返故鄉。

新自由主義的鋪墊

文化大革命，與崛起於當下全球經濟的中國有何關聯？慣常的敘事堅稱文革是全球化的對立面，還說它意味着整整十年的仇外動盪和經濟崩潰，之所以能夠撥亂反正，完全是因為鄧小平明智地接受了現實，使中國重新融入了世界經濟。

實際上，文革與後文革改革之間的關係，並不像通常所說這麼簡單。文革，尤其是文革初期的極左階段，確實是狂熱抵制全球資本主義的一個高點。堅信西方道路必然勝利的人，當然會舉杯慶祝它的失敗。然而，把中國的變化簡單地解釋為對西方的反應，仍然是一種背離事實的自戀做法。

毛派再怎麼胡搞一氣，終歸積累了不少的廠房設施和人力資源，為後來的高速增長打下了必不可少的基礎。革命分子把自己的國家拽進了現代世界，掃除了文盲，治愈了各種長期存在的頑症，還建起了工業化的基礎設施，如果一味貶低他們的功勞，等於是睜着眼睛說瞎話。毛時代的中國固然瘡痍滿目，繼起的經濟繁榮卻依然建基於那個時代的種種成就，包括民族的解放和社會的解放。

文革時期的經濟政策確實有待改進，但要是把文革狹隘地貶低為中國發展的「失落十年」，仍然會使人誤入歧途。文革結束之後，中國在國際範圍內得到

的機會比以前大。中國與世界資本主義在經濟上的重新融合，適逢後者對中國的巨量勞動力儲備產生了需求，而在全球經濟體量較小的六十年代中期，這樣的需求還沒有浮出水面。

新自由主義漸露崢嶸，部分是為了應對世界資本主義在六七十年代遭遇的抵制。世界資本向遵章守紀、教育良好、成本低廉的中國勞動力轉移，造成了十分諷刺的後果。美國、歐洲和日本的企業紛紛拿外包到中國的生產充當武器，用砸飯碗的威脅來管束各自的國內員工，工資水平由此停滯不前，工會的力量也遭到了削弱。

無論改革計劃帶來了多少經濟自由，它終歸是一椿政府主導的事業，並不意味着中國毫無戒心，從此向資本主義打開了大門。包括文革在內，中國的革命歷程整體上體現着中國提高國際競爭力的長期奮鬥。中國向全球資本主義出租廉價的勞動力供應，其實是一種精心設計的戰略，在之前的歷次政治運動當中，毛派也對同一份勞動力資源進行了相似的利用。

美國在越南戰場的失敗，給中國帶來了莫大的好處。吃了敗仗的美國人不得不重新評估自己的亞洲戰略，為毛澤東創造了緩解中國孤立處境的機會。鄧小平在後毛澤東時代的改革誠可謂意義重大，但也是植根於毛澤東、周恩來和鄧小平本人在文革期間拿出的各種政策。文革末期，中國與美國達成和解，由此便

可以從事更大規模的經濟試驗，外貿也持續攀升。

這倒不是說毛澤東有意識地引領了中國，使之走向他死後的那條發展道路。對於「混進」黨內高層的資產階級代表人物，毛澤東始終保持着高度的警惕，正如他在發動文革的《五一六通知》當中解釋的那樣：「一旦時機成熟，他們就會要奪取政權，由無產階級專政變為資產階級專政。這些人物，有些已被我們識破了，有些則還沒有被識破，有些正在受到我們信用，被培養為我們的接班人，例如赫魯曉夫那樣的人物，他們現正睡在我們的身旁。」

一位美國學者兼商業顧問曾在文革期間訪問中國，當時他從香港出發，與美國一本激進雜誌的幾名記者同乘一列火車。抵達中國的時候，他感到樂不可支，因為接站的人把那些左翼記者塞進了一輛小巴，卻把他送上了一輛豪華轎車。這輛豪華轎車，預示着變化的來臨。

對中國來說，要想引進外國投資，就必須收束各種社會主義制度。「自力更生」聽着更像是朗奴·列根或瑪嘉烈·戴卓爾的主張，不太像毛澤東的口號。中國放棄了這個口號，但卻要求中國工人階級的個體自謀出路，繼續落實這個口號所包含的理念。集體農業於一九八三年廢止。不久之後，一些工廠開始僱外人來幹政府規定的「義務」勞動，反映出中國的社會主義口號日益空洞的現實。終生僱傭的「鐵飯碗」，

一度被視為工人階級政權的一項成就，如今卻成了中國參與世界經濟競爭的絆腳石。對於外貿、私有化和外國投資採取開放立場，使得中國的收入迅速增長。中國的貧困程度顯著降低，可惜的是平等程度一同降低，政治上也趨於消極。

二〇〇八年金融危機期間，傳言一度甚囂塵上，說中國人準備有所行動，出手打救行將破產的雷曼兄弟公司。曾經因支持革命而使人談虎色變的中國，已經變成了為全球資本主義提供安全保障的衛士。

關於文革的思考，有點像關於全球氣候變化的討論，初始的簡單問題，很快就會導向一些十分複雜的大問題。中國該怎麼減少碳排放？這個問題的答案，最終會牽出一大堆錯綜複雜的歷史問題：早期工業化國家的適當碳負荷水平，窮國的合理期望，中國的工業化與非洲之類地區的關係，如此等等。與此相類，把文革作為中國政治的內部問題來討論，當然也無傷大雅，但我們終歸還想知道，中國的文革以怎樣的方式嵌入了世界格局。不考慮全球背景，便無法理解中國，把中國排除在外，便無法理解這個世界。

第六章
接受文革

一九七六年，毛澤東離開人世，文革隨即偃旗息鼓。毛澤東的遺孀和其他三個極左派領導人一起遭到逮捕，從此戴上「四人幫」的帽子，背起十年動亂的黑鍋，並於一九八〇年與林彪手下的一些高級將領一起，被當局送上了公開審判的被告席。這些人的被捕，凸顯鄧小平的權勢與日俱增，中國啟動了一個漸進式卻系統性的過程，開始否定絕大多數的毛式社會經濟政策。文革的記憶如此不堪回首，中國自然艱於面對，儘管它確曾努力釐清這段歷史，態度比許多西方人願意承認的更為嚴肅。

結束文革

一九七六年，疾病纏身的毛澤東回顧了自己的畢生成就，包括擊敗日本和打贏內戰：

> 另一件事你們都知道，就是發動「文化大革命」。這事擁護的人不多，反對的人不少。這兩

件事沒有完，這筆遺產得交給下一代，怎麼交？
和平交不成就動盪中交，搞不好就得血雨腥風
了，你們怎麼辦？只有天知道。

　　毛澤東對於「血雨腥風」的擔憂，顯然是言過其
實。他去世之後，一場簡單的政變打倒了最有動力延
續文革的派別，文革就此壽終正寢。大多數黨領導一
致認為，文革的政治方針破壞巨大，經濟政策無以為
繼，文化路線也令人窒息。
　　毛澤東死後不到一年，他的接班人華國鋒便宣佈
文革結束。不過，曾任湖南省委書記和公安部長的華
國鋒需要對毛澤東的遺產加以利用，以便鞏固他自己
的脆弱政治基礎。然而事實證明，一方面要利用毛澤
東的號召力，一方面又要跟毛澤東最後的一份遺產保
持距離，確乎是一件無法操作的事情。幹部平反的洶
湧浪潮掀倒了華國鋒，因為鄧小平許諾推行節奏更快
的變革，贏得了平反幹部們的歡心。
　　到了一九七八年十二月，鄧小平已經實實在在地
架空了華國鋒。黨採納了改革路線，開始對文革進行
較為嚴肅的重新評價。在文藝領域，「傷痕」文學蓬
勃興起，將文革期間的不公與腐敗暴露在人們眼前。
一度神聖的各色毛式樣板，此時紛紛跌落塵埃。農村
公社遭到解散之時，批評人士揭穿了大寨的面目，這
個號稱「自力更生」的生產隊，其實享受了政府多方

面的補貼。大慶油田面臨枯竭，它在北京的政治代表「石油幫」也被拉下馬來，起因則是一九七九年發生的一場事故，一個近海鑽井平臺傾翻沉沒，七十二名工人死於非命。

社會及文化政策的種種變化，表明了當局否定文革的立場。毛派的壓力消失之後，再沒有人執意把城市青年留在農村。截至一九八〇年，大多數知青已經回到了家鄉的城鎮。高考得以恢復，年齡限制則提高到三十七歲，以此補償報考無門的十年光陰。將近六百萬人參加了一場競爭性興許冠絕古今的考試，只有百分之五的考生脫穎而出，贏得了讀大學的機會。直到如今，在人們的心目當中，這批「七七級大學生」依然是一個格外優秀的群體。

教育和文藝政策的重心是恢復原有的制度，為遭到清洗的幹部平反昭雪，總的精神是找回中國共產主義運動早期那個想像之中的黃金時代，只不過得把毛澤東和林彪排除在外。一九八〇年的劉少奇追悼大會伴隨着一波平反浪潮，一邊為死者恢復名譽，一邊向那些在政治冷板凳上枯坐多年的人提供補償。

長期來看，鼓勵市場和出口的新經濟方針，才是對毛主義更大的顛覆。中國雖然擁有深厚的經商傳統，改革之前的革命卻已經摧毀了這個國家的資本家階級。改革時期湧現了許多十分諷刺的社會現象，其中之一是曾經的紅衛兵紛紛下海，撿起在文革政治運

動中積累的老關係，靠它來打造新的商業網絡。

重新發現來自古代中國和外部世界的風格與作品，助長了人們的文化興奮。藝術家和觀眾爭先嘗新，力圖理解突然變得花樣繁多的審美選擇。保守派（倒不一定是毛派）官員的抵觸情緒間或高漲，矛頭通常指向進口的流行音樂，包括台灣歌手鄧麗君的甜美歌曲。鄧小平本人的反應，倒是比某些憂心忡忡的下級官員平靜一些：「窗子打開了，難免會有蒼蠅和蚊子飛進來。」

到這時，審查措施大多只是狂熱分子或膽小怕事者幹的好事，力度也已經開始減小。新的歷史觀允許人們就中國的過去展開更為細緻的討論，這樣一來，一九四九年就不再是一道是非好壞的分水嶺。對於中華民國的重新認識，最終脫離了蔣介石軍事威脅的語境。

攤派責任

說中國當局從未嘗試糾正文革錯誤，與事實並不相符。整體而言，西方人到現在也不了解，共產黨為這場毛派運動做出了多大力度的檢討、自我否定和補償，措施包括公開審判、冤案平反，以及工作、財產和收入的返還。

一九八一年，中共中央委員會通過了一項關於黨史的決議，明確地否定了文革：「一九六六年五月至

一九七六年十月的『文化大革命』，使黨、國家和人民遭到建國以來最嚴重的挫折和損失。這場『文化大革命』是毛澤東同志發動和領導的。」

決議繼續寫道：「實踐證明，『文化大革命』不是也不可能是任何意義上的革命或社會進步。它根本不是『亂了敵人』而只是亂了自己，因而始終沒有也不可能由『天下大亂』達到『天下大治』。」

一九八〇年，當局公審「林彪、江青反革命集團」，這一場電視轉播的審判吸引了千百萬目不轉睛的觀眾，為他們提供了一個文革結束的象徵符號。十名被告站立受審，被控迫害了七十二萬七千四百二十人，殺害了三萬四千二百七十四人。江青發表了悍然對抗的辯詞，上海的張春橋(他或許是所有被告中最像回事的政治領袖)則乾脆拒絕發言。兩人都被判死緩，後來又減為無期徒刑。前黨中央副主席王洪文被判無期徒刑，倒臺筆桿子姚文元則領到了二十年的刑期。曾任毛澤東秘書及中央文革小組組長的陳伯達，以及被列入「林彪反革命集團」的幾名高級將領，獲刑十六至十八年不等。

江青由此成為在押的政治犯，直至於一九九一年自殺身亡。也許是為了響應出口導向新經濟的精神，她在獄中製作銷往國外的布娃娃。不過，看守發現她做的布娃娃都繡着她自己的名字，便取消了她的這項工作任務。

黨開除了業已病故的公安系統首腦康生和謝富治，甚至正式撤銷了之前為這兩個人發表的《悼詞》。當局還在地方層面展開了大規模的清洗，一些極左分子在此期間自尋了斷。公審四人幫標誌着地方層面第二輪清洗的啟動，清洗對象既包括那些在將近二十年前當過紅衛兵的積極分子，也包括文革後期湧現的一些「英雄」，比如批評高考制度的張鐵生。張鐵生在這一輪清洗當中獲刑十五年，罪名是陰謀顛覆國家政權。

許多曾遭打壓的幹部重登顯位，有時只是掛着虛銜養老，有時則一心報仇雪恨。許多人得到了出國旅遊的獎賞，以及一種不那麼招搖過市的補償，也就是說，當局往往優先提拔他們的子女。人民幣紙鈔有了新的圖案，將一名戴眼鏡的知識分子塞進了毛派的工農兵三元組合，以這種面向公眾的象徵手法昭告天下，臭老九的地位已經再度提高。

政府將文革期間抄沒的大量財物歸還原主。截至一九八五年，北京市文物局的「查抄物資清理辦公室」展覽了三萬件無人認領的藝術品，以及十七萬本書籍，以便市民申請領回。可想而知，一些最讓人心動的物品收到了不止一份申領請求。

儘管如此，批評人士並不滿意。為什麼光批判文革，不批判大躍進？其他一些人要求黨否定一九五七年的反右運動，還有一些人要求否定革命本身。黨和

政府無法讓所有的國民稱心如意，因為他們當中有生活得到改善的工人，也有遭受嚴重迫害的知識分子，境況千差萬別。從結果來看，中國對自身爭議歷史的處理與其他社會並無不同，也設有種種令人沮喪的界限。

　　界限範圍之內，信號還是相當清晰的。黨採取了一種力求自保的立場，先是把罪責盡可能地推給毛澤東和四人幫，然後又敦促所有的人「向前看」。然而，如果我們把家裏有人挨了整的人都算做文革的受害者，受害者的總數興許可達一億之多。隨着越來越多的倒臺幹部恢復原有的政治地位和官職，許多人發現自己不得不繃緊神經，與整過自己的冤家同堂共事。「向前看」由此變得更加刻不容緩，但卻是一件幾乎不可能做到的事情。

　　黨開始褫奪毛澤東思想的神聖光環。在此之前，儘管有過一些爭議，當局還是把毛澤東的遺體葬進了天安門廣場中心的一座巨大陵墓。到得此時，黨的選擇並不是拆除陵墓，而是擴大它的紀念範圍，將其他五位共產黨領導人納入其中：劉少奇、朱德、周恩來、陳雲以及(後來增加的)鄧小平。《毛澤東選集》繼續以四卷的規模印行，收錄的是他一九四九年之前的著作。出版時間較晚的第五卷包括他在一九四九至一九七六年間撰寫的一些文章，如今已顯得太左，於是被當局停止發行。

　　毛澤東的塑像不再時興，遭到拆除的塑像數以百

計。許多毛澤東塑像原本矗立在大學的校園裏，這些地方尤其不歡迎這種東西。一九八七年底，北京大學的一位教授把一座毛澤東塑像的碎片擺在了自己的辦公室裏。中國的主人家通常用茶、水果或香菸來款待客人，這位教授卻向客人贈送毛澤東的殘片，以此表示歡迎。粉身碎骨的毛澤東，不光象徵着中國知識分子重新鼓起的勇氣，還象徵着他們終於取得勝利，擊敗了一個曾經主宰一切且時或凶神惡煞的陰魂。

中共反毛澤東之道而行之的舉措，包括於一九八〇年將「四大權利」移出憲法。中國的憲法從此不再列有自由公開發言（「大鳴」）、充分發表意見（「大放」）、開展大範圍辯論（「大辯論」）和撰寫大字報（「大字報」）的權利，罷工的權利也在不久之後消失。黨的各位元老認為，四大權利會給批評他們的人壯膽，更何況，他們剛剛才見識過一個民眾行使四大權利的例子，那便是一九七九年的北京「民主牆」抗議運動。

民主牆抗議運動期間，鄧小平和他的支持者十分擔心局面失控。抗議者當中有一些以前的紅衛兵，剛剛從鄉下回來，既渴望找到工作，又渴望政治改革。抗議者張貼的大字報使一些黨領導想起了身遭批鬥的慘痛往事，嚇得他們魂不附體。於是他們借題發揮，把這場危機當作送上門來的口實，一舉終結了可能是毛派核心政治遺產的群眾政治運動。然而，四大權利

雖有弊病，卻也為言論自由提供了一種避免當局箝制的獨特保障。西方各國政府對中國當局鎮壓民主牆運動的事情裝聾作啞，或者是為了支持鄧小平的新政權，或者是因為它們無法想像，毛派遺產也能有促進人權的作用。

關於文革的書籍和文章形式多樣，其中包括回憶錄和笑話集。這兩類著作，通常都是以重建知識分子的受損社會地位為目的。有個文革笑話說一名工人奉派主管藝術中心，趕上雨水淹沒了攝影暗房，便跑到室外去沖膠片。還有個笑話說，一名工人當上了圖書管理員，把當時流行的蘇聯小說《鋼鐵是怎樣煉成的》劃入了冶金類。

不過，種種限制因素作用之下，針對毛澤東和文革的批判運動勢頭減緩。其一，在重新鞏固自身權威的過程當中，黨依然要靠毛澤東的遺產來取得合法性。官方給毛澤東的評價是七分功三分過，這張成份表含糊其辭，很多問題都沒有說清楚。其二，文革包舉全國，裹挾了數以億計的普通百姓。這些勞動人民竭力在日常生活中踐行文革的理念，往往不受政治精英的暗中操縱。黨不能譴責中國人民，因為人民的智慧和善良不容挑戰，是它必須捍衛的基本假定。

圖11 波特蘭「人民三明治」餐廳的宣傳單（Courtesy of People's Sandwich of Portland; design by Aaron Draplin and Matt Reed）靈感得自文革的視覺設計如今通常以諷刺的形式出現。波特蘭的「人民三明治」餐廳供應可口的火腿泡菜三明治。「火腿泡菜」的英文「Hammer and Pickle」是對共產主義標誌「Hammer and Sickle」（錘子鐮刀）的戲仿。

八九年動亂和文革懷舊

一九八九年，中國爆發了大規模的政治危機，黨的立場由此變得堅定不移，不再搖來擺去。這一場規模巨大的群眾抗議運動，起初是以反對腐敗和通脹為口號，後來又擴展到要求更大的民主，遊行群眾有許多都是黨員。在北京爆發的這場社會運動聲勢浩大，引發了全國各地的眾多抗議行動，直到於同年六月四日遭到暴力鎮壓為止。抗議運動使得共產黨發生分裂，黨總書記趙紫陽遭到解職和軟禁，直至二〇〇五年去世。

黨內的獲勝一派把文革的記憶用作武器，以圖抹黑新一代的異見人士。舉例來說，張樺的懺悔文章《毀書紀實》（文見第三章）發表於一九八九年四月十八日，兩天之後，當局便在北京實施戒嚴。黨借助這些回憶文字來煽風點火，利用了一種十分真實的焦慮心理，也就是人們對社會動盪的恐懼。文革的陰影縈繞在黨內高層，短短十年之前，他們才剛剛奪回名譽和權力。同樣的陰影也籠罩着八九年的年輕抗議者，他們不得不謹慎行事，以防別人找到口實，説他們無理取鬧，只是在重演紅衛兵的流氓行為。

八九抗議者遵章守紀，團結一心，溫和克制，表現與紅衛兵截然不同。跟文革時期一樣，學生們衝在了運動的最前線。但在一九八九年，學生們並沒有自

封為造反派，擔任的角色依然是學生，是這個國家未來的精英，是心系中國前途的愛國青年。然而，一九八九的新一代抗議者不可避免地沿用了集體行動的各種老套路，這一點與紅衛兵一代並無不同。鄧小平用暴力鎮壓了這些批評他的學生，又用全國性的宣傳運動來污衊他們，反應多少有點像一九六八年的那一批中國政治精英，那些人當時驚慌失措，忙不迭地遣散紅衛兵。

北京的六四屠殺之後，黨重新加緊了政治箝制，然後又迎合一股前所未有、喜氣洋洋的懷舊風潮，放鬆了對於公開展示文革形象的管控。文革主題的餐館紛紛開張，向新近致富的老紅衛兵供應喚起知青年代記憶的飯菜，只不過，桌子上的肉要比知青年代多得多。文革時期的各色器物變成了眾人追捧的收藏品，比如毛主席像章、海報和雕像。曾經得到江青賞識的戲劇，迎來了新一波的熱情觀眾，毛時代的革命歌曲，如今配上了迪斯科的節拍。

九十年代初的這股「毛澤東熱」，背景是經濟改革的大幅度深化，鄧小平鼓勵國民「下海」經商，以便重啟因八九暴力鎮壓陷於停滯的經濟。「毛澤東熱」僅僅是懷舊情緒的體現，並不包含任何毛派政治訊息。改革之年，文革變成了上架的貨品，中國文化裏的其餘一切，幾乎也都進入了商品化的流程。「毛

澤東熱」類似於西方流行文化中的一股懷舊風尚，後者竭力追摹六十年代，照搬了那個年代的誇張色彩、大鬍子長頭髮、靈性修煉和各種稀奇古怪的信仰，同時也有一些顯而易見的遺漏，捨棄了業已過氣的各種反抗鬥爭，沒有把種族歧視、貧窮和帝國主義戰爭當成攻擊的靶子。

很受歡迎的影片《陽光燦爛的日子》（一九九四年上映）是一部探討文革的作品，故事發生在一九七五年的北京，一個十五歲的少年被他的軍官家庭獨自留在家裏，於是便隨心所欲地探索這個城市。他邁向成年的過程包括各式各樣的冒險經歷，比如參加幫派打鬥、滿足性的好奇、大吃大喝和認識大人的虛偽，凸顯了青少年脫離大人監管之後的興奮與刺激。這種一廂情願的浪漫懷舊，與六四鎮壓的嚴酷現實形成了鮮明對比。

中國的文化市場日益擴張，意味着宣傳官員難於管控關於文革的討論。文革話題從未遭到徹底的禁止，實際上還催生了為數眾多的書籍和藝術創作。但在一九九〇年，中宣部還是封殺了一部行將出版的《文革大辭典》。當局認為這本書太過追根究底，書中對文革語彙的定義很可能會使以往的爭議死灰復燃。不過，與此相似的一些項目獲准完成，表明人們仍在努力，試圖釐清中國這段並不遙遠的混亂歷史。

可想而知，關於文革的探討仍然是一個政治雷

區。由於黨自身的矛盾態度，這方面的風險已經進一步加大。舉例來說，有人為曾任文化部長的革命戲劇作曲家于會泳寫了一本傳記，這本書於一九九四年被當局停止發行，罪名竟然是太過「客觀」。由此可見，黨的領導層尚未做好心理準備，依舊不能接受不帶感情色彩、不醜化往日敵人的討論。然而，這種立場與商業化的文革懷舊格格不入，後者使得樣板戲持續公演，至今不曾退出舞臺。商品經濟提供的擔保，意味着人們可以放下顧慮，大力開拓六十年代音樂的懷舊市場，官方對文革一棍子打死的嚴厲政治判決，則意味着人們不能展開認真的探究，否則就可能招致後果嚴重的爭議。

磨折神經的遺產

中國應對爭議性歷史的態度，並沒有什麼非同尋常之處。激進政治運動如果是崇高目標與暴力政治的組合，功過就格外難以評說。廢奴主義者約翰·布朗（John Brown）領導了一次反對奴隸制的武裝叛亂，因此被送上了絞架，面對這樣的一個歷史人物，美國至今不知所措。對於本國歷史上的布爾什維克運動，俄羅斯也拿不出一個息事寧人的共識。跟中國的文革不同的是，前述的兩個例子都不涉及依然健在的參與者，評價時無需照顧他們的感情。

在許多中國人看來，文革一代顯得格外強悍，坎坷的經歷磨練了他們，所以他們政治頭腦精明，個人意志堅定。從前的紅衛兵，以及吃過紅衛兵苦頭的受害者，全都為自己的堅強性格感到驕傲，因為自己挺過了一個人人自危、詭譎萬端、殘酷無情的年代。異見藝術家艾未未是詩人艾青的兒子，身為老革命的艾青一度成為了黨領導層的敵人，跟艾未未在二〇一一年的遭際大同小異。艾青雖然和毛澤東私交不錯，文革期間照樣被當局發配去掃廁所。根據艾未未的回憶，他父親掃的「都是破破爛爛的公共廁所，又髒又亂。有時候，他回家時身上沾了糞，他又沒有別的衣服。但他很平靜，他說：『六十年來我竟不知誰為我掃廁所。』這話讓我們心悅誠服。」

然而，關於個人得失的回憶很少有機會進入公共話語。事實上，即使是在家庭內部，這類回憶也往往是人人避談的禁忌。一九八九年，一對知識分子夫婦和一個外國人共進晚餐，席間夫婦倆偶然說起，他們是在當紅衛兵時認識的，使他們十二歲的兒子大吃一驚。這對夫婦一方面不肯跟自己的兒子講述往事，一方面又責怪後文革一代嬌生慣養，對中國的各種問題缺乏親身體驗。紅衛兵一代已經成為中國體制內的當權派，中國卻依然不允許討論這代人的豐富經歷。要說這個話題已經無人問津，固然是有欠公允，但從很

大程度上說，這方面的對話已經被當局導入了一堆由懷舊、無知和愧疚組成的大雜燴。

如今離文革開始已經有將近半個世紀，當年的施暴者和受害者要麼是離開了人世，要麼就退了休。中國目前的政治領袖仍然在竭力逃避，不願探究現今的精英人物年輕時的政治表現，不願翻查那一段離現在日益遙遠的歷史。然而，美國可以追問本國領袖的越戰表現，追問他們當中哪一些上了戰場，哪一些逃了兵役，相比之下，中國的類似追問究竟有什麼不同，為什麼會引起更大的麻煩？

中國的領導層處心積慮，渴望把群眾動員戰術排除在政壇之外，這樣的一種策略，無疑助長了捂緊文革蓋子的傾向。鬧騰得出奇的社會抗議活動席捲全國，因為經濟改革的時代帶來了各種各樣的矛盾，為這些活動提供了堅實的土壤。新近湧現的抗議者包括公務員、拆遷受害者、退休人員、農民工和失業人員，對於這些人來說，毛澤東的形象具有經久不衰的魅力。黨想讓這些人放下文革式的思維，棄絕文革式的手段。老知青舉行非正式的聚會或其他活動，並不會受到當局的限制，但要想舉辦較為正式、較有組織的活動，便會面臨重重障礙。

討論文革容易使最高領導層出現意見分歧，這也是他們不願討論的一個原因。他們的個人經歷和家庭遭際千差萬別，他們背後的利益集團也各有各的文革

情愫，既然如此，達成共識確實是一件不大可能的事情。避而不談，總比談不攏要好。

黨對文革三緘其口，反映的其實是黨的一貫作風，一旦公開的討論涉及任何一場大災大難，無論是一九五七年的反右運動、一九五八年的大躍進還是一九八九年的六四屠殺，黨就會表現出同樣的焦慮。事實證明，黨可以容忍把關於文革的某些問題擺上檯面，只可惜誰也判斷不了，哪些問題會越過黨的紅線。小心一點的人，自然會轉向其他課題。黨的態度似乎陰晴不定，一方面允許批評毛澤東，一部分又對建立文革紀念設施或博物館的要求置之不理。舉例來說，小說家巴金曾呼籲建立一個文革博物館，結果是無疾而終。

詮釋文革的嘗試並沒有停滯不前，只不過方向發生了順應總體政治要求的轉變。比如說，由於漸漸老去的紅衛兵像美國的「嬰兒潮」一代一樣，開始回顧他們金色的青春年華，社會上有了一種新的興趣，開始探究文革十年的性問題。此外，相較於重估軍隊或鄧小平的文革角色，或者深挖當前領袖的文革經歷，研究性問題不太會引起政治上的麻煩。中國的自由化進程遊走在社會的邊緣，雖可促使中心的體制和神話敘事發生改變，速度卻十分緩慢。

針對個人的譴責持續不斷。步入暮年的知識分子依然在相互攻訐，指責別人出賣朋友。這一類憶往事

揭老底的舉動，一方面顯得可嘆可悲，一方面卻讓公眾有機會窺探過氣名人的醜穢私隱，使得他們興味益然。

隨着商品經濟日益擴張，擁有知識「內容」的人們找到了新的機會。文革藝術品通常是集體意志的產物，現今的權益歸屬不易確定，由此引發了種種糾紛。《收租院》群雕由一百個雕像組成，刻劃了一個四川地主剝削佃農的情景，在六十年代是紅極一時的旅遊景點。當代藝術家蔡國強創作了一件戲仿《收租院》的作品，送去參加一九九九年的威尼斯雙年展，健在的幾名《收租院》作者便把這個不革命的後輩告上法庭，說他不尊重他們的版權。作曲家李劫夫曾把毛澤東的一些語錄譜成歌曲，這些作品在九十年代的毛澤東熱當中得到了回爐利用，他的後人便挺身維權，向出版方索取賠償。劉春華創作的油畫《毛主席去安源》（一九六八年作品）引發了一場曠日持久的所有權官司，起因是他在一九九五年把畫賣給了一家銀行。那家銀行至今持有這幅畫，儘管北京的國家博物館要求將它收入館藏，政府也認定它是國有的文化資產。

作為毛派樹立的士兵樣板，雷鋒依然活在公眾的想像之中，並且受到人們的尊重，只不過地位有所下降，不像在文革期間那麼高。「雷鋒牌」避孕套的上市使得許多人義憤填膺，這個牌子最終於二〇〇七年下架。兩年之後，電視連續劇《雷鋒》選定的男主角

不得不竭力應付反對的聲浪，因為人們指責他緋聞不斷，沒資格扮演一個如此高尚的角色。

討論文革的渠道承受着莫名其妙的管制，增強了文革作為諷刺對象的吸引力。閻連科於二〇〇五年發表小說《為人民服務》，敘寫了一名毛派軍官的妻子和勤務兵之間的婚外激情。他倆一邊幽會，一邊破壞毛主席語錄和毛主席塑像之類的革命標誌，肉體慾望隨破壞行動一同高漲，性愛越軌與政治越軌和衷共濟。這篇小說刊登在了一本主流的文學雜誌上，儘管單行本遭到了當局的封殺。文革開始時年僅八歲的閻連科是一位獲獎作家，似乎並沒有因這篇小說斷送前程，無疑還拿到了作品在海外銷售的版稅。

文革的未來

文革已死，屍身也已大半入土。它死得十分徹底，以至於理解它的嘗試很容易遭人誤解，人們可能會說你文過飾非，也可能說你麻木不仁，沒有向它的屍身傾瀉足夠的義憤。儘管如此，關於文革的各種認識，在未來的一段時間裏，仍然會是我們政治及學術圖景的一個組成部分。

在中國國內，年輕人對文革興趣有限。目前的領導人與鄧小平那一代不同，不再受到個人恩怨的驅使。時間的流逝，多半會減小文革記憶的量級，使它

不那麼像是一次空前絕後的大爆炸，並將它更深地植入百年變亂的大背景。

毛澤東去世以來，大眾的注意力一直被社會變化的驚人速度所佔據，矮化文革的趨勢，由此已經初露端倪。相較於六十年代的同齡人，在改革時代成年的中國人可以對世界有更多的了解，表達更廣泛的意見，更少遭受黨權欺壓和暴民私刑的雙重迫害。個體的受害者相繼退出歷史舞臺，洗雪或紀念他們的興趣隨之縮減。文革期間的其他一些暴行，比如對傳統文化的政治性破壞，曾經使得公眾無比憤慨，如今卻被市場驅動的商業性破壞搶去了風頭，不再像先前那麼顯眼。地產投機商肆意拆毀整片整片的歷史街區，殘存的古代藝術守護者奔走呼號，只可惜知音寥寥。與此相類，考慮不周的毛派群眾運動所造成的環境破壞，固然已經驚心怵目，如今面對私家轎車和污染工業幾近無限制的擴張，也只能説是小巫見大巫。

文革造成的迫害妄想、機會主義傾向和價值觀破壞，一直延續到了今天。不過，先前對於文革的道德批判，力度已經被後來的種種事態削弱。有人説毛澤東是社會風氣敗壞的罪魁禍首，然而，後文革時代的中國也出現了大量的道德墮落和作奸犯科，以及明目張膽的匪盜行徑。除此而外，過去三十年的日益繁榮還帶來了社會分裂、環境嚴重惡化、貧富差距越來越大、經濟發展失衡、民族衝突加劇之類的惡果，外加

社會各界的一種普遍認識，那便是中國的社會結構負荷沉重，承受着巨大的壓力。

改革時代的刺目亂象，時或激起對於毛主義的懷舊情緒，驅使人們對文革展開浪漫的想像，追念毛派對公共福祉、法律和秩序的重視，以此反襯近些年的貪婪與腐敗。現今的黨領導層，充斥着毛澤東警告人們小心防範的那類政客，這些人對文革的思維和手段畏之如虎，急於把它們隔離在勞資爭端之外。二〇一〇年，在歷來是極左思想根據地的河南省，當局以粗暴的手段處理了鼓動罷工的毛式訴求。文革的記憶可以用作恐嚇民眾的法寶，防止他們抗議這個依然充滿嚴重矛盾的社會。從這個意義上說，文革起到了幫助投資精英維持秩序的作用。經濟增長面臨威脅之時，黨的焦慮感最是強烈，由此可見，黨對文革形象的利用不單是為了阻止群眾參與公共生活，最終是為了阻止民主。

然而，掌控當今中國的恰恰是文革一代，政治領域是如此，商業、文化和軍事領域也是如此。這些領袖人物往往有過痛苦的經歷和幻滅的體驗，其中許多人的身上卻依然殘留着去當紅衛兵時的理想主義情懷。這種對社會公平的渴望，以及嚴酷的政治現實，使他們承受着持續的煎熬，因為近年來的增長，竟然把那麼多的農村人口拋在了後面。

不那麼理想主義的是，毛主義還在一些有趣的場

所捲土重來。講授商業戰略的各色課堂，紛紛拿主席先生論述革命的著作來教育年輕的企業家，建議他們從小城市包抄主要市場，為毛澤東「農村包圍城市」的革命理論增添了一個資本主義變體。這類教程當中沒什麼文革的戲份，但毛澤東連商業精英也能吸引的事實，卻再一次提醒我們，中國的民族主義訴求絕不會拋棄毛澤東，因為他是民眾心目中的偉大愛國者，締造共和國的元勳。在如何對待文革的問題上，中國面臨着一些新的窘境，儘管如此，它依然會不管三七二十一，繼續跟毛澤東綁在一起。

中國之外，西方至今不能接受文革。西方正在竭力應對中國崛起於國際舞臺的現實，由此依然把文革視為一個宣傳噱頭，覺得它可資利用，甚或對它愛不釋手。為了坐實自己想像之中的道義優越感，西方乞靈於一種慣常卻錯誤的文革敘事：經濟瓦解，教育崩坍，但鄧小平拯救了中國，方法則是抄襲我們的自由市場。把毛澤東拿出來鞭屍示眾，不光可以鞏固全球主義的地位，證明社會主義行不通，還可以揭示中國變化無常的危險本質。要是毛澤東人死神存，繼續充當中國的民族主義象徵，對中國有百害而無一利。

西方記者時或飢不擇食，急於把幾乎任何人認定為「文革倖存者」，只要此人生逢其時，屬於某個特定的年齡段。「倖存者」的稱謂囊括全體，從那些遭際確實令人髮指的受害者，到許多僅僅是隨大流過日

子的普通人，可說是無所不包。所有的人，無一例外地成了受害者。從最寬泛的意義上說，這種評判也算不無道理，然而，受害者敘事忽略了受害的程度差異，抹殺了苦難的眾多類型，徒然助長浩劫的神話，以及西方以中國救星自居的幻覺。

源自傳教士時代的這一類老舊修辭，如今又一次大行其道，出自新近流亡者之手的一系列影響廣泛的回憶錄，也為這種腔調提供了佐證。這些回憶錄通常是講一個出身優越的年輕人，不幸捲入了那場毛派風暴，好在拿到了某所西方大學的獎學金，這才脫離了險境。主人公的人生軌跡發端於嚴酷的中國，只可惜主人公年輕幼稚，以至於看不清這個國家的極權本質。然後是文革激情的驟然爆發，有時還伴有自我發現的經歷，繼之以一段逃亡（「逃亡」二字從未見諸文本）西方的旅程。這些回憶錄往往使人大開眼界，文筆也相當不錯，贏得了眾多讀者的青睞。它們的作者才華橫溢，勤勤懇懇，雄心勃勃，以高超的技巧完成了一項艱難的任務，實現了與西方讀者的共鳴。然而，這些作品對中國的刻劃過於簡單化，隱晦地迎合了西方讀者高人一等的意識。

反復斷言中國至今未能接受文革，並不能帶來任何補益。這樣的評判缺乏同情，小視了中國接受文革的難度，與此同時，任何一個複雜的社會，如果要應對不堪回首的歷史，都會面臨形形色色的障礙。人們

完全可以反駁，中國對文革的處理，並不比美國對越戰的處理遜色多少。把毛澤東的頭像印上鈔票，無疑使得許多人憤憤不平，不過，把聯邦調查局總部命名為胡佛(J. Edgar Hoover Building)大樓，效果也沒有什麼兩樣。

中國依然使西方着迷。文革期間，外國對中國的想像往往只能說是天真幼稚，儘管如此，這些想像仍然標誌着一個轉折，表明西方人開始認真掂量來自亞洲的政治理念。除此而外，文革還是中國與西方意識形態分歧的頂點，由此放大了(同時也模糊了)一種誘惑，那便是中國似乎可以摒棄殖民主義和資本主義路線，迎來一種另類的現代性。當前的中國研究也為西方找到了一條另類的出路，認為它可以帶來超乎預期的經濟復興，只不過這一次的發現不是毛主義，倒有點儒家的影子。今時今日，西方正在以無比嚴肅的目光審視中國，六十年代的美好幻象不復存在，變成了混合着恐懼、義憤和金融機會主義的一團亂麻。

時間表

一九〇五年　　　　　廢除科舉制度。

一九一一年　　　　　清王朝滅亡；帝制終結，民國建立。

一九一九年　　　　　民眾遊行示威，抗議《凡爾賽條約》將德
　　　　　　　　　　國在山東的權益轉交日本，以文化及政治
　　　　　　　　　　現代化為目標的五四運動由此開始。

一九二一年　　　　　中國共產黨成立。

一九二七年　　　　　蔣介石清洗共產黨盟友。

一九三一年　　　　　日本侵入中國的東三省。

一九三四至三五年　　為躲避國民黨軍隊的進攻，共產黨軍隊完
　　　　　　　　　　成長征。

一九三七至四五年　　抗日戰爭。

一九四二年　　　　　延安整風：毛澤東改造知識分子，要求他
　　　　　　　　　　們為工農兵服務，藉此鞏固自己在共產黨
　　　　　　　　　　內的領袖地位。

一九四九年　　　　　中華人民共和國成立；國民黨政府退到臺
　　　　　　　　　　灣。

一九五〇年　　　　　新頒布的《婚姻法》禁止一夫多妻和包辦
　　　　　　　　　　婚姻；土地改革運動。

一九五〇至五三年　　中美兩國在朝鮮戰爭中打成平手。

一九五三至五七年　　實施第一個五年計劃，蘇聯的計劃式集體
　　　　　　　　　　經濟模式由此制度化。

一九五六至五七年	黨發起「百花齊放」運動，鼓勵黨外知識分子批評自己，試圖爭取他們的支持。
一九五七至五八年	黨發起反右運動，迫使批評它的知識分子噤聲。
一九五八年	大躍進運動。
一九五九至六一年	大躍進運動崩潰；大飢荒。
一九六〇年	蘇聯從中國召回技術顧問。
一九六二年	市場化試驗；毛澤東提出「千萬不要忘記階級鬥爭」。
一九六三年	學雷鋒運動。
一九六四年	中國第一顆原子彈試爆成功；「三線建設」啟動。
一九六六年	文化大革命開始。紅衛兵舉行大規模集會。
一九六七年	當局強行組建「三結合」政治聯盟，藉此重建地方權力機構。
一九六八年	紅衛兵被當局遣送下鄉；文革的極左階段宣告結束。
一九六九年	與蘇聯發生邊界衝突；中共九大召開。林彪被指定為毛澤東的接班人。
一九七〇年	中國把第一顆人造衛星送上軌道。
一九七一年	林彪在外蒙古墜機身亡。中國獲得聯合國席位。
一九七二年	美國總統尼克松訪華。中美關係正常化進程啟動。
一九七三年	鄧小平重新上臺。

一九七四年	開展「批林批孔」運動，意在延續文革。
一九七六年	周恩來總理去世；天安門廣場抗議運動；鄧小平第二次遭到清洗；唐山大地震。毛澤東去世；武力逮捕江青及其同夥，將他們定為「四人幫」。
一九七七年	恢復高考。
一九七八年	鄧小平啟動市場導向的經濟改革。
一九七九年	民主牆運動；中美建交。
一九八〇至八一年	審判「林彪、江青反革命集團」。
一九八九年	民眾發起要求政治改革的全國性抗議運動，以六四屠殺告終。
一九九一年	江青在獄中自殺。
一九九二年	鄧小平擴大市場化改革。

文革主要人物（以姓氏拼音為序）

薄一波(一九〇八–二〇〇七)：國家經濟委員會主任，文革早
　　期成為批鬥目標。

陳伯達(一九〇四–一九八九)：《紅旗》雜誌主編，共產黨的
　　重要筆桿子，於一九六六年成為中央文革小組組長。文
　　革極左階段結束之後，陳伯達失勢，後被列為「林彪、
　　江青反革命集團」成員，遭到審判。

鄧小平(一九〇四–一九九七)：一九六六年，時任黨總書記的
　　鄧小平被打成「第二號走資本主義道路的當權派」。由
　　於毛澤東依然看重他的政治才幹，他於一九七三年奉召
　　復出，擔任副總理，但又於一九七六年再次遭到清洗。
　　一九七八至一九九六年間，鄧小平是中國的「最高領導
　　人」(亦即未擔任最高職務的最高領袖)，是後毛澤東時
　　代改革的總設計師，也是八九年暴力鎮壓政治動亂的總
　　負責人。

華國鋒(一九二一–二〇〇八)：原為湖南省委書記，文革期間
　　因林彪之死獲得提拔。周恩來死後，華國鋒成為人民共
　　和國第二任總理，後來又接替毛澤東擔任黨主席。華國
　　鋒在逮捕四人幫的過程中發揮了關鍵作用，但在政治鬥
　　爭中輸給了鄧小平，不得不在一九八〇至一九八一年間
　　陸續交出最高領導職務，儘管他把中央委員的職務保留
　　到了二〇〇二年。

江　青(一九一四–一九九一)：原為演員，於一九三八年成為

毛澤東的第三任妻子。兩人成婚之前，毛澤東的同僚與毛澤東達成協議，禁止江青參政。文革期間，江青成為丈夫的重要盟友。

康　生(一八九八－一九七五)：資深共產黨領導人，文革期間主管黨內情報工作，由此成為毛澤東的關鍵盟友。

林　彪(一九○七－一九七一)：眾望所歸的共產黨軍事領袖，在文革之前的幾年裏推動軍隊走上極左路線。一度是毛澤東「最親密的戰友」和指定接班人，後來捲入一樁至今雲山霧罩的陰謀，在外蒙古墜機身亡。

劉少奇(一八九八－一九六九)：革命時期的共產黨地下抵抗運動組織者，一九五九至一九六八年間擔任國家主席。原本是公認的毛澤東接班人，但卻被斥為「中國的赫魯曉夫」，成為文革的首要攻擊目標。

毛澤東(一八九三－一九七六)：一九三五至一九七六年間的中國共產黨領袖。一九五四至一九五九年間擔任國家主席。文革的策動者。

彭　真(一九○二－一九九七)：北京市委書記，因阻遏左傾路線而成為毛派早期的攻擊目標，後來獲得平反，八十年代擔任全国人大常委会委　長。

王洪文(一九三五－一九九二)：最年輕的「四人幫」成員，曾參加朝鮮戰爭的退伍老兵，文革期間從上海一家工廠的保衛幹事平步青雲，躋身中央政府。

姚文元(一九三一－二○○五)：上海報人及文藝評論家。他批判北京市副市長吳晗的一部劇作，為毛澤東攻擊北京市委提供了便利，由此被提拔到中央。不過，他可能是分量最輕的「四人幫」成員。

張春橋(一九一七-二〇〇五)：黨內知識分子，文革期間參與奪取上海市政府的權力，由此得勢，被提拔到黨的中央領導班子，毛澤東死後遭到逮捕。張春橋是最有理論頭腦的「四人幫」成員。

推薦閱讀書目

Barmé, Geremie R. *Shades of Mao: The Posthumous Cult of the Great Leader*. Armonk, NY: M. E. Sharpe, 1996.

Baum, Richard. *Burying Mao: Chinese Politics in the Age of Deng Xiaoping*. Princeton, NJ: Princeton University Press, 1994.

Bramall, Chris. *Chinese Economic Development*. London: Routledge, 2009.

Brady, Anne-Marie. *Making the Foreign Serve China: Managing Foreigners in the People's Republic*. Lanham, MD: Rowman and Littlefield, 2003.

Chan, Anita 陳佩華, Richard Madsen, and JonathanUnger. *Chen Village : The Recent History of a Peasant Community in Mao's China*. Berkeley: University of California Press, 1984.

Chang, Jung 張鴻. *Wild Swans: Three Daughters of China*. New York: Simon and Schuster, 1991.

Cheng, Nien 鄭念. *Life and Death in Shanghai*. New York: Grove, 1987.

Clark, Paul. *The Chinese Cultural Revolution: A History*. Cambridge: Cambridge University Press, 2008.

Esherick, Joseph W., Paul G. Pickowicz, and Andrew G. Walder, eds. *The Chinese Cultural Revolution as History*. Stanford, CA: Stanford University Press, 2006.

Gao Mobo 高默波. *Gao Village*. Honolulu: University of Hawaii Press, 1999.

Gao Yuan 高原. *Born Red: A Chronicle of the Cultural Revolution*. Stanford, CA: Stanford University Press, 1987.

Goldstein, Melvyn, Ben Jiao, and Tanzen Lhundrup. *On the Cultural Revolution in Tibet: The Nyemo Incident of 1969*. Berkeley: University of California Press, 2009.

Han, Dongping 韓東平. *The Unknown Cultural Revolution*. New York: Monthly Review Press, 2008.

Jiang Yang 楊絳. *A Cadre School Life: Six Chapters*. Hong Kong: Joint Publication Company, 1982.

Joseph, William A., Christine P. W. Wong 黃佩華, and David Zweig, eds. *New Perspectives on the Cultural Revolution*. Cambridge, MA: Harvard University Press, 1991.

Kraus, Richard Curt. *Pianos and Politics in China: Middle-Class Ambitions and the Struggle over Western Music*. New York: Oxford University Press, 1989.

Law, Kam-yee 羅金義. *The Chinese Cultural Revolution Reconsidered: Beyond Purge and Holocaust*. Houndmills, UK: Palgrave Macmillan, 2003.

Lee, Ching Kwan 李靜君, and Guobin Yang 楊國斌, eds. *Re-envisioning the Chinese Revolution: The Politics and Poetics of Collective Memories in Contemporary China*. Washington, DC: Woodrow Wilson Center Press and Stanford University Press, 2007.

Li Zhensheng 李振盛. *Red-Color News Soldier: Photographs of the Cultural Revolution*. New York: Phaidon Press, 2003.

Li Zhisui 李志綏. *The Private Life of Chairman Mao*. New York: Random House, 1994.

Liang Heng 梁恒, and Judith Shapiro, *Son of the Revolution*. New York: Knopf, 1983.

Ma Jisen 馬繼森. *The Cultural Revolution in the Foreign Ministry of China*. Hong Kong: Chinese University Press, 2004.

Meisner, Maurice. *Mao's China and After: A History of the People's Republic*. New York: Free Press, 1986.

Milton, David, and Nancy Dall Milton. *The Wind Will Not Subside: Years in Revolutionary China*. New York: Pantheon, 1976.

Min, Anchee 閔安琪. *Red Azalea*. New York: Pantheon, 1994.

Mitter, Rana. *A Bitter Revolution: China's Struggle with the Modern World*. Oxford: Oxford University Press, 2004.

Naughton, Barry. *The Chinese Economy: Transitions and Growth*. Cambridge, MA: MIT Press, 2007.

Perry, Elizabeth, and Li Xun 李遜. *Proletarian Power: Shanghai in the Cultural Revolution*. Boulder, CO: Westview Press, 2000.

Rae Yang 楊瑞. *Spider Eaters: A Memoir*. Berkeley: University of California Press, 1997.

Riskin, Carl *China's Political Economy: The Quest for Development since 1949*. Oxford: Oxford University Press, 1987.

Schoenhals, Michael. *China's Cultural Revolution, 1966–1969: Not a Dinner Party*. Armonk, NY: M. E. Sharpe, 1996.

Schoenhals, Michael, and Roderick MacFarquhar. *Mao's Last Revolution*. Cambridge, MA: Harvard University Press, 2006.

Spence, Jonathan. *The Search for Modern China*. New York: Norton, 1990.

Teiwes, Frederick C., and Warren Sun. *The End of the Maoist Era: Chinese Politics during the Twilight of the Cultural Revolution, 1972–1976.* Armonk, NY: M. E. Sharpe, 2007.

Walder, Andrew G. Fractured *Rebellion: The Beijing Red Guard Movement.* Cambridge, MA: Harvard University Press, 2009.

Wang Ban 王斑, ed. *Words and Their Stories: Essays on the Language of the Chinese Revolution.* Leiden: Brill, 2010.

White, Lynn T. III. *Policies of Chaos: The Organizational Causes of Violence in China's Cultural Revolution.* Princeton, NJ: Princeton University Press, 1989.

Woei Lien Chong, ed. *China's Great Proletarian Cultural Revolution.* Lanham, MD: Rowman and Littlefield, 2002.

Yan Jiaqi, 嚴家其 and Gao Gao 高皋. *Turbulent Decade: A History of the Cultural Revolution.* Honolulu: University of Hawai'i Press, 1996.

Yue Daiyun 樂黛雲, and Carolyn Wakeman. *To the Storm: The Odyssey of a Revolutionary Chinese Woman.* Berkeley: University of California Press, 1985.

Websites

Morning Sun: A Film and Website about Cultural Revolution

www.morningsun.org

Videos, photos, and interviews related to the documentary film of the same title, from the Long Bow Group.

Chinese Posters: Propaganda, Politics, History, Art

chineseposters.net

Posters from the collections of International Institute of Social History, Amsterdam, and Stefan R. Landsberger.